SAINT PAUL
ET LA GRÈCE

DU MÊME AUTEUR

Ouvrages généraux sur saint Paul :

Saint Paul et la Culture grecque, Labor et Fides, Genève-Paris, 1966.
Saint Paul et la Grèce, Les Belles Lettres, Paris, 1982.
Ce Dieu qui nous parle, Collection « La Pensée chrétienne », La Belle Rivière, Neuchâtel, 1979.

Travaux sur les écrits pauliniens :

La Métaphore du Miroir dans les Epîtres de saint Paul aux Corinthiens, Delachaux et Niestlé, Neuchâtel-Paris, 1957.
Commentaire de l'Epître aux Colossiens, Labor et Fides, Genève-Paris, 1968.
Commentaire de l'Epître aux Ephésiens, Labor et Fides, Genève-Paris, 1974.
Le Sacerdoce du Fils, Commentaire de l'Epître aux Hébreux, Fischbacher, Paris, 1982.

LE MONDE HELLÉNIQUE

SAINT PAUL et LA GRÈCE

par

Norbert HUGEDÉ
Docteur ès Lettres

PARIS
SOCIÉTÉ D'ÉDITION «LES BELLES LETTRES»
95, bd Raspail — 75006 PARIS
1982

La loi du 11 mars 1957 n'autorisant, aux termes des alinéas 2 et 3 de l'article 41, d'une part, que les "copies ou reproductions strictement réservées à l'usage privé du copiste et non destinées à une utilisation collective" et, d'autre part, que les analyses et les courtes citations dans un but d'exemple et d'illustration, "toute représentation ou reproduction intégrale, ou partielle, faite sans le consentement de l'auteur ou de ses ayants-droit ou ayants-cause, est illicite" (alinéa 1er de l'Article 40).

Cette représentation ou reproduction, par quelque procédé que ce soit, constituerait donc une contrefaçon sanctionnée par les Articles 425 et suivants du Code Pénal".

© Société d'Edition « LES BELLES LETTRES », Paris, 1982
ISBN 2-251-33210-3

A Sa Majesté la Reine Sophie d'Espagne
qui a tant fait
pour l'archéologie classique

AVANT-PROPOS

Il ne suffisait plus de s'en tenir sur saint Paul à de laborieuses exégèses. Il nous fallait aussi le voir vivre, le suivre, essayer, pas à pas, de retrouver un destin que la vie quotidienne, avec son lot d'épreuves et de médiocrité, nous empêche parfois de discerner.

Essayer, avec lui, de revivre l'Espérance.

Que pouvait-il survivre d'un monde de ruines, d'idées reçues, de vies défaites : à moins que les colonnes jetées à terre soient plus vivantes que tous les marbres neufs. La Grèce fut pour saint Paul le lieu à la fois nécessaire et improvisé d'une brillante carrière ; pour le christianisme sa grande chance, et, aujourd'hui, sa vraie récompense au voyageur qui la retrouve enfin, renonçant aux thèses savantes, et aux circuits organisés, venu sur place écouter autre chose, et se recueillir dans le silence des pierres et la solitude des chemins...

Philippes, Bérée, colline d'Arès, Leschée : lieux oubliés des guides, et pourtant...

Athènes, 29 août 1980.

Saint Paul, IXe siècle. Dôme de Sainte-Sophie, Thessalonique.

LA FORMATION DE L'APÔTRE

Nous avons essayé de déterminer ailleurs, par des analyses plus complètes, la part de la culture grecque dans la formation intellectuelle du futur apôtre. En dépit de tout un mouvement de l'opinion théologique, qui a voulu préserver les sources bibliques du christianisme en faisant de Paul un pur produit de l'enseignement rabbinique, il nous est paru d'évidence que le jeune Saul de Tarse, citoyen «d'une ville qui n'est point sans quelque renom» (*Actes* 22 : 3), même lorsqu'il fut plus tard élève de Gamaliel (*ibid.*) n'avait pu échapper aux influences culturelles de son temps, d'autant plus que lui-même en fait volontiers état (*Actes* 17 : 28). Tout porte à croire même qu'il était particulièrement bien préparé pour adapter le langage de l'Evangile aux conceptions du monde profane de l'époque, tout imprégné d'hellénisme [1].

L'enfant de la « Paideia »

Ce mot est entré dans la langue française depuis H. I. Marrou [2] pour désigner l'ensemble des programmes d'éducation que la *Pax Romana* avait uniformisés sur tous

---

1. Voir notre *Saint Paul et la Culture grecque*, Paris-Genève, 1966, où l'on trouvera une bibliographie.
2. H.I. MARROU, *L'Education dans l'Antiquité,* Paris, 1948.

les territoires de l'Empire. L'âge scolaire commençait à sept ans : l'enfant apprenait à lire, écrire, compter, sous la direction d'un maître, qui se servait comme manuel des morceaux choisis des poètes grecs, puis des maximes des philosophes [3]. Rien ne prouve que dans des centres comme Tarse, où se trouvait une des grandes universités du bassin méditerranéen, les juifs aient eu des écoles à part ; et quand bien même c'eût été le cas, les programmes restaient les mêmes, ce qui ne mettait pas les élèves à l'abri de l'hellénisme ambiant, d'autant plus que l'enseignement se faisait en grec. N'oublions pas que le grec est la langue maternelle de Saul de Tarse, et qu'il cite l'Ancien Testament d'après sa version des *Septante* [4].

Si l'on admet que Paul ne fut l'élève de Gamaliel que vers l'âge de seize ou dix-sept ans, il eut le temps d'entreprendre ses études secondaires, entre douze et quatorze ans. L'enfant était alors confié à un « grammairien » qui l'initiait aux auteurs classiques : Homère, Pindare, Euripide, Ménandre, et parmi les orateurs, Démosthène. On les lisait surtout en morceaux choisis, où étaient introduits des textes d'auteurs moins connus : c'est en se souvenant de ses années d'études que Paul évoque dans ses épîtres Euripide, Ménandre, Epiménide, Aratos et Cléanthe [5]. De même il connaît assez les philosophes : s'il a mauvaise opinion d'eux (encore qu'il ne leur reproche, en bloc, que leur intellectualisme et leur futilité) il n'a pas peur de les aborder sur leur propre terrain, à Athènes notamment.

---

3. *Saint Paul et la Culture grecque*, p. 64.
4. *Ibid.*, p. 60.
5. *Ibid.*, p. 89.

L'élève de Gamaliel

Ce n'est pas non plus sans fierté que Paul rappelle « qu'il a été élevé aux pieds de Gamaliel » (*Actes* 22 : 3). Mais il ne faut pas déduire de l'expression employée qu'il aurait vécu depuis sa plus tendre enfance parmi les docteurs de la loi.

Ce que l'on sait de l'enseignement du fameux rabbin est qu'il ne s'adressait qu'à des élèves de niveau particulièrement élevé, et déjà mûrs. L'étude de la Loi, à quoi il se livrait, était une science difficile et exigeait de gros efforts d'intelligence et de mémoire : d'autant plus que le maître exigeait qu'on ne prenne point de notes, et qu'on retienne par cœur les différentes interpétations.

D'ailleurs aux pieds de Gamaliel, Paul ne perdait point le contact avec l'hellénisme : le maître avait en effet reçu la permission toute spéciale de former ses disciples à la philosophie profane, et les préparait à la controverse avec les stoïciens. Inutile de dire que Gamaliel prenaient d'énormes risques, et que ses élèves lui étaient choisis déjà parmi une élite [6]. Mais il ne s'agissait pas seulement de controverse : il fallait aussi trouver un terrain d'entente entre juifs et grecs, pour les rendre sensibles aux merveilles de la vraie religion. Il est probable que dans son discours d'Athènes, Paul se souviendra de Gamaliel comme d'un modèle. Ce qu'il faut donc retenir de l'expression de *Actes* 22 : 3, c'est aussi que dès son jeune âge, Paul a été préparé à exposer aux païens les oracles des Prophètes.

---

6. *Ibid.*, p. 40.

Dans la ligne de Philon d'Alexandrie

Gamaliel n'était d'ailleurs pas le seul à tenter cette ouverture en direction de la philosophie grecque. Le judaïsme alexandrin s'était déjà illustré dans cette entreprise, en mettant à la disposition des païens dès le IIIe siècle avant notre ère, une version grecque de la Bible, dite version des *Septante,* ce qui eut pour résultat de provoquer toute une littérature où l'on tenta d'établir des rapprochements et des parallèles entre les grands thèmes de la religion grecque et la révélation biblique. Cette tendance au syncrétisme est illustrée par Philon d'Alexandrie, qui est sans doute le plus cultivé, le plus grec, de tous les juifs de son temps : il connaît par cœur Homère, Euripide, Parménide et surtout Platon, qu'il imite jusque dans son style, au point que Plotin fera de lui un écrivain grec [7]. Mais tout aussi fidèle croyant, il explique la Bible à ses lecteurs, en en cherchant, au-delà de la lettre, les grandes significations concernant les destinées de l'homme. Cette méthode d'explication, dont le rôle était de dégager par-delà la contingence des faits matériels, la signification allégorique des récits, n'était rien d'autre qu'une application des procédés déjà employés par les écoles de philosophies grecques, où l'on donnait des lectures spiritualisées de la mythologie, des poèmes d'Homère, d'Hésiode ou d'Orphée. Les mythes de Platon étaient déjà une application de cette méthode, réservée plus particulièrement à l'enseignement ; mais c'est particulièrement à Alexandrie, centre du stoïcisme et du néo-pythagorisme, un des centres de rayonnement de l'hellénisme, que l'exégèse allégorique rencontrera le plus d'intérêt et le plus de faveur. On sait que Paul y aura recours dans ses épîtres

---

7. Voir E. BRÉHIER, *Les Idées philosophiques et religieuses de Philon d'Alexandrie,* Paris, 1907.

quand il cherchera à donner une explication actuelle aux événements de l'histoire d'Israël[8].

La culture de l'apôtre Paul

Bien sûr, saint Paul n'est pas un disciple des philosophes. Sa réaction à Athènes en est la preuve : en parcourant cette ville que tout le monde admire, il ne voit rien d'autre, dans les chefs-d'œuvre de l'art, que des idoles, au point de s'en irriter (*Actes* 17 : 16), ce qui dénote une réaction restée typiquement juive. Sa culture paraît très étendue, et particulièrement assimilée : elle n'est peut-être que superficielle, celle d'un grec de son temps, habitué à fréquenter les écoles secondaires et les conférences populaires, à la fois éclectique et peu livresque. L'originalité de l'apôtre est d'avoir mis cette connaissance de l'hellénisme, dont il est particulièrement imprégné, au service d'un autre idéal, qui lui tient beaucoup plus à cœur. En cela il est bien dans la ligne de ses maîtres et de ses modèles, Gamaliel ou Philon, pour qui la culture grecque est moins appréciée par sa valeur en soi que comme un moyen d'action pour faire connaître la vérité religieuse.

Ce qu'il convient de dire, c'est que personne n'était mieux placé que Paul pour porter l'Evangile aux nations. En faisant de lui le Docteur des Gentils, les apôtres ne s'y sont point trompés. Lui, sans le savoir, sans le prévoir, avait été tout préparé à sa mission future, qui était, par-delà ses voyages, par-delà même sa prédication de l'Evangile, de libérer jusqu'aux paroles du Christ, conservées jusque-là et transmises dans un contexte resté très juif : car il ne faut pas oublier que c'est à Paul que l'on doit d'avoir vu l'Evangile perdre son particularisme oriental pour devenir un message universel.

---

8. Voir *Saint Paul et la Culture grecque*, p. 191.

LE PROJET EUROPÉEN

A l'origine de la venue de Paul en Grèce, il faut manifestement placer le Concile de Jérusalem (vers 51 ?) et les décisions prises alors. Moment important de l'histoire de l'Eglise, encore qu'inconsciemment vécu par les protagonistes : mesuraient-ils que c'est cette rencontre qui devait faire toute l'orientation du christianisme ?

Le mot même de « décisions » est bien fort pour dire ce qui s'est fait cette fois-là. On s'était réuni pour essayer d'y voir clair dans les méthodes d'évangélisation, à appliquer parmi les non-juifs. Fallait-il ou non les soumettre encore aux pratiques de l'ancienne alliance qui exigeait notamment de tout croyant la circoncision comme le signe de l'appartenance à Dieu ? Les chrétiens venus du judaïsme n'avaient point à se poser ce genre de question, bien évidemment : mais que fallait-il décider pour les autres, qui devenaient de plus en plus nombreux dans les communautés vivantes et fortes que Paul et Barnabé avaient maintenant fondées en Asie mineure, à Icone, à Derbe, à Lystre ? C'était maintenant « l'affaire » (*Actes* 15 : 6).

Malgré la résistance de quelques irréductibles, venus du parti des pharisiens (*Actes* 15 : 3) que Paul appellera des faux-frères (*Gal.* 2 : 4-5), on avait plutôt tendance à céder à la logique et à la détermination de l'apôtre qui, non seulement tenait à libérer l'Evangile, et à l'offrir sans contrainte à ceux qu'on avait jusque-là si facilement appelé les païens ou les étrangers (comme le fit encore Pierre dans *Actes* 10 : 28), mais revenait maintenant d'un voyage missionnaire particulièrement fructueux avec la preuve de ses raisons et une influence toute neuve. C'est d'ailleurs l'argument que représentaient ces premiers succès, qui l'emporta dans l'opinion (*Actes* 15 : 12), beaucoup plus que l'argumentation théologique qu'on pouvait évidemment faire valoir en faveur de la circoncision, autrefois donnée à Abraham (donc avant les juifs) comme signe d'une « alliance éternelle » (voir *Gen.* 17 : 19). Les interventions de Pierre et de Jacques (*Actes* 15 : 7-21) restent en termes vagues (on prend ce parti de ne pas créer de « difficultés » aux païens qui se convertissent : *Actes* 15 : 19, de ne pas « leur imposer un joug que les juifs eux-mêmes n'ont su porter » (*Actes* 15 : 10). Le communiqué final (*Actes* 15 : 23-29) imprécis à souhait, ne prononçant même pas le mot de « circoncision », à propos de quoi on s'était pourtant réuni (*Actes* 15 : 5-6), restera un chef-d'œuvre de diplomatie, conciliant toutes les tendances, ne prenant parti contre aucune d'elles, n'engageant en rien l'avenir : à force d'équivoques, ce texte préparait tous les incidents, notamment la quatrième trahison de Pierre à Antioche, et surtout ne serait d'aucun secours à saint Paul que, faute de pouvoir convaincre, on isolait dans sa mission.

Mais qu'importe. L'Esprit du Seigneur peut parfois se servir des conciles et des comités. Faute de décision doctrinale, on prit une décision géographique. On confiait à Pierre la responsabilité de l'évangélisation parmi les circoncis, et à Paul l'évangilisation des territoires nouveaux (*Gal.* 2 : 7-8). Donc l'Europe.

Dont personne ne voulait. Mais à quoi Paul, par-delà la malheureuse discussion de Jérusalem, se sentait confusément destiné.

Aujourd'hui, lorsque faisant voile au large de l'île antique de Samothrace, laissant Thassos à gauche, on aborde comme Paul au petit port de Kavala, autrefois Néapolis, on ressent un moment d'émotion en pensant que pour la première fois, le christianisme quittait l'orient et prenait pied en occident.

Paul connut-il une pareille émotion ? Probablement pas au sens où nous l'entendons. Pour lui comme pour Luc, prendre le bateau à Troas pour aller à Néapolis en passant par Samothrace, c'était aller d'une province romaine à une autre : de celle d'Asie à celle de Macédoine. Rien ne lui permettait comme à nous de considérer l'Europe et l'Asie comme des entités séparées. On restait à l'intérieur de la *Pax Romana*. La voie Egnatia, qui passait par là et aurait déjà pu conduire l'apôtre jusqu'à Rome, ne s'ouvrait pas à un continent nouveau, mais parcourait des colonies romaines et des agglomérations helléniques pareilles à celles qu'il avait laissées sur les grandes routes commerciales d'Asie mineure. Peut-être même Paul eut-il l'impression que l'opulence, la richesse, la culture, il les laissait derrière lui, en Syrie, en Egypte. Finis les grands temples, les bibliothèques : devant lui, c'était déjà des ruines, et les voyageurs de l'époque parcouraient Athènes comme un musée. Qu'importe : il fallait aller.

Le Livre des Actes insiste souvent sur ce fait que Paul était poussé par l'Esprit. Il obéit à une nécessité intérieure qui ne lui apparaît pas d'abord clairement. Son projet d'ensemble se réalise, qui est d'atteindre d'autres territoires, et de viser haut : Athènes, Rome. Mais à part cela, le détail de ses voyages dénote ses hésitations, par exemple en Mysie, aux approches de la Bithynie, où finalement il n'entrera pas (*Actes* 16 : 6-8), à Thessalonique, à Athènes ou surtout à Corinthe. Voilà, au moment où Paul aborde à Néapolis, il en fut de lui comme de tous ceux qui voulurent construire l'Europe : la conscience obscure d'un noble dessein.

Toute cette histoire de Paul en Grèce, qui aurait pu être tout autre mais devait être celle-là, est comme la vie des hommes nés pour de grands projets : poussés, sans qu'ils sachent comment, jusque-là où rien ne les attirait d'abord, ils n'émergent que peu à peu à la clairvoyance d'eux-mêmes et de leur action, se rendant compte trop lentement qu'ils n'ont jamais été exposés qu'à un seul péril, celui de ne pas mesurer suffisamment à quel point ils ont eu raison de faire ce qu'ils ont fait.

D'autant plus que, sur ce fond de destin, l'appel à passer en Europe est rattaché par le Livre des Actes à une vision de Paul : c'est-à-dire, selon le point de vue où l'on est, soit un événement extérieur, fortuit, soit un message venu d'en haut.

Mais quel est donc cet inconnu de Macédoine, aperçu en vision (*Actes* 16 : 9), que Luc nous présente non sans quelque coquetterie ? Probablement lui-même.

Le texte du Livre des Actes parle bien d'une vision de la nuit, qui s'impose à Paul, et que lui reçoit comme un message, puisqu'il part sans différer (v. 10). De semblables visions, même chez ceux qui sont passés par les chemins de Damas, naissent des événements de la journée, c'est bien connu. Or Luc vient d'arriver, comme l'indique dans le texte, entre le v. 8 et le v. 10, le passage de la troisième personne à la première du pluriel. Depuis Philippes, où il exerçait jusque-là son métier de médecin, probablement citoyen romain puisque par un édit de Jules César les médecins avaient reçu cette qualité, il est venu à Troas prendre contact avec Paul, et probablement faire appel à lui. Comment a-t-il su le passage de l'apôtre ? qui l'envoie ? ou bien agit-il de lui-même, peut-être aussi poussé par l'Esprit ? Autant de questions que Luc, c'est bien normal, n'abordera pas. A peine a-t-il signalé, avec une infinie discrétion par le changement de ton du récit, devenu témoignage vécu, qu'il vient de se joindre à la petite troupe.

Sans doute Luc aura-t-il su peindre à Paul les besoins immenses de son pays, qui n'a pas besoin d'être seulement secouru par des médecins ; mais aussi ses très grandes possibilités, car on n'est point là-bas sans ressources matérielles, et les Philippiens montreront plus d'une fois qu'ils ne rechignent point à soutenir les bonnes causes. L'intervention de Luc, qui est la première démarche d'une vocation spirituelle, aura sans doute impressionné l'apôtre, au point qu'il en aura rêvé la nuit. D'ailleurs comment Paul, dans ses visions nocturnes, aurait-il reconnu un Macédonien, que rien ni dans l'apparence, ni dans le vêtement n'aurait distingué d'un habitant d'une autre colonie romaine (peut-être l'accent, mais comment Paul eût-il pu le savoir, puisqu'il n'avait jamais été en Macédoine ?) si son esprit n'avait d'abord a été profondément marqué par la démarche de Luc, le macédonien ? Dans la vision de Paul tout porte à croire que le macédonien, trop vite dit inconnu, était Luc lui-même. Et c'est par discrétion que Luc laisse planer le mystère.

Ils vont donc partir « aussitôt » (*Actes* 16 : 10). Luc fera partie du petit groupe, où se trouvent déjà Timothee et Silas.

Ainsi le projet européen de Paul porte un nom, qui est celui de Luc : sur des chemins pas toujours faciles, il sera un merveilleux compagnon de voyage — et un irremplaçable narrateur.

LES CONDITIONS DU VOYAGE

Tout venait merveilleusement à point. Jamais en d'autres moments le christianisme n'aurait pu se répandre avec autant de rapidité, ni autant d'efficacité à travers le monde. Encore une fois, tout se passe comme si nous assistions à la réalisation d'un plan dont les protagonistes eux-mêmes, faute de recul, apprécient mal la pertinence.

Non seulement avec saint Paul nous avons à faire à un étrange vagabond de l'esprit qui ne discerne qu'après coup l'opportunité de ses initiatives, mais il faut tenir compte, concernant ses voyages, de tout un contexte de facilités, dont on ne mesure pas d'abord la toute grande importance.

Le siècle de saint Paul aura été celui des voyages, des communications, des échanges. Des grands déplacements est-ouest. Il y avait à cela des raisons commerciales, culturelles (dans les grandes familles romaines, l'éducation se termine en Grèce) ; et surtout le gouvernement romain y avait un intérêt politique. Paul n'est qu'un voyageur comme beaucoup de ses contemporains, et il jouira dans ses déplacements des facilités de tout le monde.

Les formalités d'abord n'ont jamais été aussi simplifiées. L'Empire romain s'étendant jusqu'aux limites du monde alors connu, le voyageur n'a jamais de frontières à franchir : il reste sous la juridiction d'un même gouvernement.

Outre que la situation qui est faite à Paul dans l'Empire est largement bénéfique. Il est citoyen romain, et jouit par ce titre de privilèges étendus, au point qu'il lui suffit d'une simple déclaration verbale, considérée d'honneur, pour obtenir la protection et l'immunité que lui valait la garantie de l'Empereur (voir *Actes* 16 : 38-39 et 22 : 25-29). Aucune vérification n'est même entreprise, car le malheureux policier sait ce qu'il lui en coûterait (*Actes* 25 : 10-12 ; 26 : 32) : il suffirait que le citoyen en appelle à César pour que l'affaire aille jusqu'au tribunal suprême. Paul est donc un personnage privilégié, respecté et craint, d'autant plus que son titre n'est pas d'acquisition récente, à titre onéreux comme dans le cas du tribun de Jérusalem (*Actes* 22 : 25-29), mais de naissance, ce qui ne peut être pour des étrangers que la marque de services éminents rendus à l'Empire : on se souvient que c'est Pompée, en reconnaissance de l'aide reçue des Tarsiotes lors de la lutte contre les pirates qui infestaient l'est de la Méditerranée et coupaient dangereusement la route du blé entre l'Egypte et Rome, qui avait octroyé ce privilège à tout citoyen de Tarse né ou à naître. On sait que Paul, quand il se prévaut de ses titres, né à Tarse et romain de naissance, ne le fait pas sans fierté (*Actes* 22 : 3 et 28).

Facilités bancaires ensuite. On ne se rend vraiment compte des conditions de voyage de Paul qu'en refaisant comme lui le même itinéraire : on s'aperçoit que rien n'est aussi déterminant que la présence d'une banque, ou d'un lieu de change. Encore faut-il avoir une monnaie reconnue, facilement convertible : ce qui était le cas des monnaies romaines. Le gouvernement de Rome avait même ouvert de grands centres bancaires, notamment en Macédoine, octroyant à des villes comme Philippes le droit de frapper monnaie romaine. On sait que les Philippiens convertis au christianisme seront longtemps les banquiers de Paul (*Philippiens* 4 : 10-20), que les fonds voyageront sans problème de Macédoine en Achaïe, et même, à l'époque de la grande collecte dont parle la deuxième épître aux Corinthiens, jusqu'à Jérusalem.

Sécurité également. Si les Tarsiotes avaient un jour chassé les pirates de Pompée jusque dans l'arrière pays, ils n'avaient certes point contribué cette fois-là à la sécurité des routes. Mais la police impériale exerçait une surveillance accrue, et, au témoignage des contemporains de Paul, comme Lucien et déjà Pline l'Ancien dans son *Histoire naturelle,* on commence à voyager sans avoir à affronter les pires aventures ; aux dires de Suétone, les mesures de sécurité prises par l'empereur Auguste visaient même les auberges. Encore que Paul, de ce côté-là, est aussi un privilégié : il y a partout dans la Diaspora des synagogues ou des communautés prêtes à l'accueillir et à l'aider, et il loge presque toujours chez des particuliers nouvellement convertis : Lydie à Philippes, Jason à Thessalonique, Aquilas à Corinthe.

Les grands axes de communication sont développés et bien entretenus. C'est une nécessité pour la politique d'expansion de Rome, et pour le maintien de l'ordre. Les dictatures, tout le monde le sait maintenant, ont besoin d'autoroutes. Agrippa avait été le grand architecte voyer d'Auguste, et il ne s'était pas contenté de créer ou de remettre en état les grands itinéraires romains pour atteindre vite les grands centres urbains et en recevoir encore plus vite des nouvelles : il avait mis en place tout un *cursus publicus,* c'est-à-dire un réseau de relais et de postes militaires, implantés tous les 25 milles, où les voyageurs pouvaient aussi se restaurer, changer de chevaux et passer tranquillement la nuit. D'après la Table dite de *Peutinger* (une copie médiévale d'une carte routière établie vers la fin de l'Empire), on est en droit de penser que les voyageurs disposaient à l'époque de Paul d'informations analogues à celles que transmettent nos guides touristiques sur l'accueil et les services que l'on peut attendre en chemin. On le sent bien aujourd'hui encore du côté de la moderne Kavala (Néapolis) : c'est la présence de la voie Egnatia, qui reliait Byzance à Rome, qui détermina l'itinéraire de Paul, son cheminement, avec les étapes sur les 150 km de route qui séparent Néapolis de Thessalonique : Philippes, Amphipolis, Apollonie.

Les moyens de transport les plus utilisés restent quand même, toutes les fois qu'ils sont possibles, les navires. Pour de multiples raisons, le voyage par mer est plus sûr, et plus économique aussi. Il faut avoir comme Paul une obligation particulière (ici l'évangélisation) pour préférer voyager à pied, comme dans ce texte d'*Actes* 20 : 13-14, d'où l'on déduit la plus grande rapidité du voyage par mer :

> « *Nous précédâmes Paul sur le navire, et nous fîmes voile pour Assos, où nous étions convenus de l'attendre, parce que lui devait faire le voyage à pied. Quand il nous eût rejoints, nous le prîmes à bord.* » (*Actes* 20 : 13-14.)

Bien sûr, la durée du voyage en mer est variable, et dépend des vents et des courants : ainsi, en *Actes* 16 : 11-12, le voyage entre Troas et Néapolis demande un jour et demi, et dans le sens contraire (*Actes* 20 : 6), cinq jours pleins. La navigation ne peut non plus se faire en toute saison. Végèse, dans son *Art militaire,* indique la date de la bonne période : du 26 mars au 14 septembre. Courte durée en vérité, moins due au risque des tempêtes qu'à l'absence de visibilité, la navigation se faisant le long des côtes ou à la rigueur en haute mer quand le ciel est lisible. La navigation hors-saison se limitait aux cas d'urgence : transport de troupes, acheminement des provisions de blé, ou avaries. Paul en connaîtra les dangers : le centurion Julius qui ne tenait guère à être responsable de sa personne jusqu'au printemps suivant, le fit embarquer à la hâte sur un navire alexandrin en partance pour l'Italie au début de l'automne (*Actes* 27 : 6-12) : on sait ce qu'il advint, et le naufrage, à la suite de toute une série de contre-temps.

Luc, c'est vrai, ne donne guère de détails sur la navigation, sur les manœuvres auxquelles il a pourtant assisté, sur les différentes sortes d'embarcations. Les formules restent vagues : « faire voile », « s'embarquer ». A peine une indication sur une manœuvre d'urgence, qui consistait, lorsque la tempête se levait et qu'on approchait des hauts fonds, à cercler le navire pour préserver la coque de l'éclatement (*Actes* 27 : 17) ; là, une notation sur la capacité du navire : deux cent soixante seize personnes : ce qui est loin des six cents passagers mentionnés par Flavius Josèphe dans son *Autobiographie* (chapitre 15) mais nous sommes hors-saison ; ou bien quelques indications d'où nous pouvons déduire la vitesse des navires : le vaisseau alexandrin d'*Actes* 27 : 3 met une journée pour parcourir les cent trente kilomètres qui séparent Césarée de Sidon, alors qu'un autre par vent favorable, met deux jours pour faire les deux cents kilomètres de Rhégium à Pouzzoles (*Actes* 28 : 13), ce qui fait des moyennes horaires de trois et de quatre nœuds, au mieux.

Mais nous sommes loin, avec Luc, de l'intérêt de Lucien (*Navigium* 15) pour décrire l'Isis, navire de fort tonnage dont il donne la dimension, la décoration, la voilure ; ou de l'enthousiasme de Flavius Josèphe (*Autobiographie* 15) vantant la capacité du navire qui le conduisait à Rome, ou même de l'étonnement de Pline l'Ancien dans son *Histoire naturelle* de ce que de simples voiles de lin mettaient Alexandrie à une semaine de Rome. Rien non plus de l'atmosphère du voyage, des appréhensions du voyageur[1],

---

1. Voir ci-dessous, p. 196, n. 54. N'est-ce pas pour que réussisse son voyage par mer à Jérusalem que Paul, avant son départ, fit un vœu à Cenchrées ? Le passage d'*Actes* 18 : 18 est difficile à interpréter parce qu'il vient comme une parenthèse dans

des démarches pour embarquer, des discussions sur les prix, les rencontres, les conversations. On ne saura rien des superstitions qui entouraient les voyages en mer, des rites et des pratiques auxquels Luc et Paul ont obligatoirement été mêlés, à Samothrace, au Cap Sounion, à Corinthe.

Le texte d'*Actes* 20 : 13-14 nous conduit à admettre qu'il faut des raisons majeures pour que Paul renonce aux avantages du voyage par mer. A preuve supplémentaire de ses préférences, qu'il ne veut pas, semble-t-il, imposer inutilement à ses compagnons les conditions d'un voyage à pied, infiniment moins confortable. De fait, la navigation correspond à ce qu'est à notre époque le voyage par avion ; on y recourt pour les mêmes raisons, même si c'est avec anxiété, et même peut-être avec la même impression, d'escale en escale, de ne rien connaître des pays qu'on franchit : c'est le moyen le plus pratique, le plus sûr, le moins cher, le moins fatiguant, le plus rapide. On peut admettre que Luc, lorsqu'il parle d'un voyage de Paul sans préciser le moyen de communication, c'est d'un voyage par mer qu'il s'agit.

Car les voyages par la route restent difficiles et hasardeux. Il y a la fatigue, les bagages. Il faut prévoir tous les temps, la chaleur, la pluie, le vent, la nuit. Les mauvaises rencontres. Il faut aller dans les auberges,

---

le récit de Luc. Il fait peut-être allusion à une pratique d'époque, évoquée par un passage du *Satiricon* de Pétrone : aussi longtemps que le temps était beau, il ne fallait pas se couper ni ongles ni cheveux. En cas de mauvais temps, il fallait offrir aux dieux sa chevelure pour les apaiser. Même allusion, peut-être, en *Actes* 27 : 34 lorsque Paul rassure ses compagnons de naufrage en leur affirmant «qu'aucun ne perdra un cheveu de sa tête» (cf. J.R. Armogathe, *Paul ou l'impossible unité,* Paris, 1980, p. 84). Il s'agit bien plutôt chez l'apôtre d'une réminiscence de son adolescence, lorsqu'il voyait les naziréens au terme de leurs vœux se faire raser la tête et porter leur chevelure au temple de Jérusalem, où ils les brûlaient sur l'autel, pour être tenus quittes de tout engagement (Cf. C. Charmes, *Paul, les Aventures du 13ᵉ Apôtre,* Paris, 1978, p. 221), mais il n'est pas sans intérêt de replacer ce geste que Luc n'explique point dans un contexte d'époque. Ces pratiques-là étaient courantes.

dépenser. Luc ne donne guère de détails quand Paul doit aller à pied : loue-t-il un chariot, pour ses bagages, selon une habitude d'époque évoquée par Juvénal (*Satires* 3), se fait-il accompagner, a-t-il des porteurs ? Aucune indication.

Peut-on se faire une idée de ses déplacements par la route en relisant telle lettre de Pline le jeune, qui se rend dans sa province de Bithynie ? Mais que vaut la comparai-

Les embarcations aux formes rondes étaient destinées au commerce ou à la pêche : elles portaient des noms divers (olcas, ploïon, gaulos), difficiles à traduire avec précision, et devaient ressembler à nos chalutiers. Les formes élancées étaient réservées aux navires de guerre.

son avec un voyageur officiel certainement privilégié ? Ou chercher des analogies du côté d'Apollonius de Tyane, dont nous parle Philostrate, se rendant de village en village pour porter la bonne parole de la philosophie [2], ou d'Aelius Aristide (encore que c'est au IIe siècle) qui avait décidé de quitter Smyrne pour se rendre au temple d'Asclépios à Pergame ? On apprend en tout cas que le voyageur préférait marcher le soir après la chaleur, et qu'il risquait toutes les aventures : mauvaises rencontres, averses, trahison des porteurs. Et le tout pour ne guère couvrir que trente kilomètres par jour.

Le goût du voyage. En fait, Paul n'est pas seul sur les routes. Son entreprise missionnaire a été largement facilitée du fait qu'à son époque, on a acquis le goût du voyage. Les facilités, à nos yeux modestes, sont déjà appréciables. La séduction de la découverte, l'appel de l'inconnu, le désir de découvrir d'autres coutumes, d'autres cultures, font que les voyageurs ne manquent pas. A l'époque de Paul, on a déjà passé le moment du premier engouement [3], et on en est à celui des abus, dénoncés par les philosophes. Que d'argent dépensé, de fatigues et de risques, outre que l'on ne sait pas toujours retirer le bien escompté : pour Sénèque, il ne suffit pas d'aller vers les hommes pour les mieux connaître, et le philosophe par l'effort de son imagination et de sa réflexion peut en découvrir tout autant [4] ; quant à Pline, plus prosaïque, il se

---

2. Cet autre Tarsiote, aux dires de son biographe, aura parcouru l'Asie, l'Inde, la Mésopotamie, la Grèce, l'Italie, l'Espagne et l'Egypte.
3. Par exemple, ce témoignage, deux siècles avant notre ère : « Un homme qui a beaucoup voyagé a beaucoup appris. Ce que j'ai compris au cours de mes voyages surpasse ce que j'en pourrais dire » (*Siracide* 34 : 9-13).
4. Voir par exemple SÉNÈQUE, *Questions naturelles* II, 45, 1. Pour connaître Dieu, inutile de parcourir la terre, de visiter les temples : il suffit d'un effort d'intelligence. En contemplant les espaces célestes, l'homme en apprend autant que par tous les voyages (voir notre *Métaphore du Miroir dans les Épîtres de saint Paul aux Corinthiens*, Paris-Neuchatel, p. 152-158.)

moque de cette frénésie qui fait qu'on ignore souvent ce que l'on a à portée de la main. Mais le goût du voyage tient bon, soutenu par la nécessité. On oublie souvent qu'aux touristes se mêlent ceux qui se déplacent pour des raisons professionnelles : représentants du gouvernement comme Pline le jeune, gens d'affaires, commerçants, gens de lettres comme Pausanias ou Strabon, pèlerins à la recherche de guérison dans les temples d'Asclépios, de Pergame ou d'Epidaure[5], médecins, prédicateurs, artisans — ou de sportifs, amateurs de jeux d'Olympie ou des Corinthe... Autant de gens que Paul aura croisés sur ses routes, souvent mêlé à eux, fabriquant et proposant ses tentes, ici à Thessalonique, là à Corinthe, en compagnie de ses amis Aquilas et Priscille, au moment des jeux isthmiques de l'année 52. Car le messager de l'Esprit voyageait aussi pour ses affaires...

---

5. Comme en témoignent les ex-votos de *l'Anthologie palatine*, notamment tome III (Livre VI) publié dans la collection des Universités de France, 1931.

NOS SOURCES

Notre enquête va donc porter sur la prédication de Paul en Grèce. Nous sommes dans le cadre de son deuxième voyage missionnaire (le premier ayant intéressé l'Asie mineure), tel que nous le décrit par le détail ce journal de voyage qu'est le Livre des Actes, du moins dans sa seconde partie. Mais les relations de Paul avec la Grèce ne s'arrêtent pas là : les épîtres font état de certains autres contacts, postérieurs, et permettent de suivre dans le temps le développement de l'entreprise paulinienne.

L'évangile de Paul

L'expression étonne sans doute. Pourtant l'évangile de Paul est contenu in extenso dans un passage de la première épître de Paul aux Corinthiens.

> « Je vous rappelle, frères, l'évangile que je vous ai annoncé, que vous avez reçu, dans lequel vous avez persévéré, et par lequel vous êtes sauvés, si vous le retenez tel que je vous l'ai annoncé ; autrement, vous auriez cru en vain.
> « Je vous ai enseigné avant tout, comme je l'avais aussi reçu, que Christ est mort pour nos péchés, selon les Ecritures ; qu'il a été enseveli, et qu'il est ressuscité le troisième jour, selon les Ecritures, et qu'il est apparu à Céphas, puis aux Douze. Ensuite, il est apparu à plus de cinq cents frères à la fois, dont la plupart sont

encore vivants, et dont quelques-uns sont morts. Ensuite il est apparu à Jacques, puis à tous les apôtres. Après eux tous, il m'est aussi apparu à moi, comme à l'avorton ; car je suis le moindre des apôtres, je ne suis pas digne d'être appelé apôtre, parce que j'ai persécuté l'église de Dieu. Par la grâce de Dieu je suis ce que je suis, et sa grâce envers moi n'a pas été vaine ; loin de là, j'ai travaillé plus qu'eux tous, non pas moi toutefois, mais la grâce de Dieu qui est avec moi. Ainsi donc, que ce soit moi, que ce soit eux, voilà ce que nous prêchons, et ce que vous avez cru. » (I *Cor.* 15 : 1-11.)

Paul est donc bien un prédicateur de l'Evangile, au même titre que les Douze. C'est ainsi qu'il se veut : malheur à moi si je n'annonce pas l'Evangile (1 *Cor.* 9 : 16). A ce titre il n'est pas le treizième apôtre (encore que cette notion d'un corps privilégié de douze est moderne et vient des historiens de l'Eglise) mais bien de leur nombre, même si c'est pour être le dernier d'entre eux. Mais ne devient-il pas le prédicateur par excellence, du fait que pour lui, l'évangile qu'il prêche aux non-juifs n'est pas une concession qu'on doit leur faire, comme l'envisagent manifestement les autres apôtres, Pierre en tête (interprétant à leur façon telle parabole de l'Evangile où l'on a l'impression que c'est uniquement pour exciter la jalousie des juifs que le Christ déclare qu'il se tournera vers les pauvres et les boiteux) mais bien l'accomplissement du dessein éternel de Dieu, prévu de toute éternité.

« Vous pouvez vous représenter l'intelligence que j'ai du mystère de Christ. Il n'a pas été manifesté aux fils des hommes dans les autres générations comme il a été révélé maintenant par l'Esprit aux saints apôtres et prophètes de Christ. Ce mystère, c'est que les païens sont cohéritiers, forment un même corps, et participent à la même promesse en Jésus-Christ par l'Evangile, dont j'ai été fait ministre selon le don de la grâce de Dieu, qui m'a été accordée par l'efficacité de sa puissance. A moi, qui suis

le moindre de tous les saints, cette grâce a été accordée d'annoncer aux païens les richesses incompréhensibles de Christ, et de mettre en lumière quelle est la dispensation du mystère caché de tout temps en Dieu qui a créé toutes choses, afin que les dominations et les autorités dans les lieux célestes connaissent aujourd'hui par l'Eglise la sagesse infiniment variée de Dieu, selon le dessein éternel qu'il a mis à exécution par Jésus-Christ notre Seigneur, en qui nous avons, par la foi en lui, la liberté de nous approcher de Dieu avec confiance. Aussi je vous demande de ne pas perdre courage à cause de mes tribulations pour vous : elles sont votre gloire. » (Eph. 3 : 4-13.)

Le Livre des Actes : un genre littéraire

Là est peut-être l'explication des imprécisions de Luc. Paul voyage dans les conditions des gens de son temps, et il n'est point nécessaire comme chez les autres narrateurs de faire du voyage un but en soi. Luc n'est pas préoccupé par la couleur locale ni le souci de faire vrai. Le thème du voyage correspond chez lui à une thèse, qui donne à son livre toute son orientation : Luc, qui est tout acquis à la manière dont Paul conçoit l'évangélisation, a consacré toute la première partie de son livre à l'histoire de l'église de Jérusalem, qui, elle, ne comprend pas la nécessité de s'ouvrir au monde, et s'est sclérosée dans son attitude autour du personnage de Pierre, qui, lui, accumule les maladresses, et sert finalement à mettre en évidence les mérites du véritable apôtre qu'est Paul.

Que Luc veuille en outre faire œuvre nouvelle en situant son récit dans la tradition de la littérature gréco-latine, c'est bien ce que signale son préambule, écrit à la manière des histoires grecques [1]. Désormais l'écrivain Luc échappera

---

1. On pourrait citer au plus près du récit de Luc : ARRIEN, *Périple du Pont Euxin.*

définitivement au contexte littéraire oriental auquel le rattachait encore son évangile, et Paul, son héros, se démarquera à son tour de ses appartenances juives, le récit de ses faits et gestes étant coulé dans le moule de chroniques déjà très en vogue parmi les grecs. Que Luc cède au goût d'une époque, c'est très net : il n'est que de voir la façon dont il insiste sur l'aspect maritime de l'expédition, qui est déjà une aventure en soi en ce temps-là, et ce n'est pas sans raison qu'il se dit qu'aucun fait extraordinaire ne saurait davantage plaire au public que le récit dramatisé du naufrage : là il s'attarde avec complaisance, multipliant les rebondissements, s'attardant aux détails, situant les lieux, précisant le déroulement chronologique des événements, maintenant l'intérêt, au point que ce chapitre, un peu long pour l'équilibre de l'ensemble du livre, vrai morceau de bravoure, tranche avec d'autres parties du récit, où il n'y avait guère autant de repères. De plus, cette façon qu'a Luc de parler à certains moments à la première personne, sans que toujours on remarque le passage de la narration simple au témoignage vécu (comme par exemple entre *Actes* 16 : 8 « ils » et 16 : 10 « nous »), tout en laissant des indications sur les moments où l'auteur des Actes était ou non présent aux côtés de Paul, donne au récit ce ton d'aventures vécues, comme s'il s'agissait d'un journal de bord. Outre que le récit des voyages fournit, lui, un canevas commode et relativement souple sur lequel viennent se greffer, selon un équilibre littérairement étudié, discours élaborés et épisodes dramatisés, le tout correspondant à une forme en parfait accord avec la sensibilité d'une époque.

Il est à noter que l'ensemble du récit, savamment mis au point, laisse apparaître peu à peu un intérêt nouveau, qui vient au lecteur comme il est apparu à la réalité : au travers des aventures de Paul, où tout est d'abord improvisé, où l'on sent des hommes d'abord incertains de leur propre destin, se discerne au fur et à mesure un plan d'ensemble, l'évangile étant porté comme par étapes, de Jérusalem à la Grèce, de la Grèce à Rome.

Les épîtres de Paul : un message pour l'Europe

Au travers des épîtres de Paul, apparemment si diverses, nées des circonstances, parfois improvisées, pas toujours concertées, l'unité apparaît, qui n'est point doctrinale, mais toute venue de la vision du chemin de Damas, le Christ à lui apparu, comme au dernier des apôtres, qui donne à son œuvre sa cohérence, comme à sa vie, si lourde de péripéties, de luttes, d'échecs (d'échecs précisément là où l'on attendait des victoires) mais toute vouée à son Seigneur et à l'œuvre par lui confiée, triomphante d'espérance. Au travers des écrits de Paul, de ses appels, de ses tensions, se lit toute l'histoire du dialogue éternel de Dieu et des hommes, pas toujours rebelles mais toujours rétifs, cédant peu à peu à la ténacité de la grâce. Et Paul dans sa prédication n'est pas l'homme seul : il ne se dissocie guère, lui l'ouvrier solitaire, de ceux qui lui ont été confiés : ses disciples, ses amis, ses correspondants. Car Paul, qui se défend d'être un homme de la hiérarchie, elle qui ne sait créer que des rivalités entre les hommes, est un homme d'église, entendons de la communauté humaine, faite d'hommes et de femmes que rien ne sépare plus, de toutes les barrières inventées par les hommes dans l'attente où ils sont de la révélation unique et personnelle de leur foi.

C'est avec ce message-là, dont les épîtres apportent le témoignage, que saint Paul aborde l'Europe.

*
**

1
LA MACÉDOINE

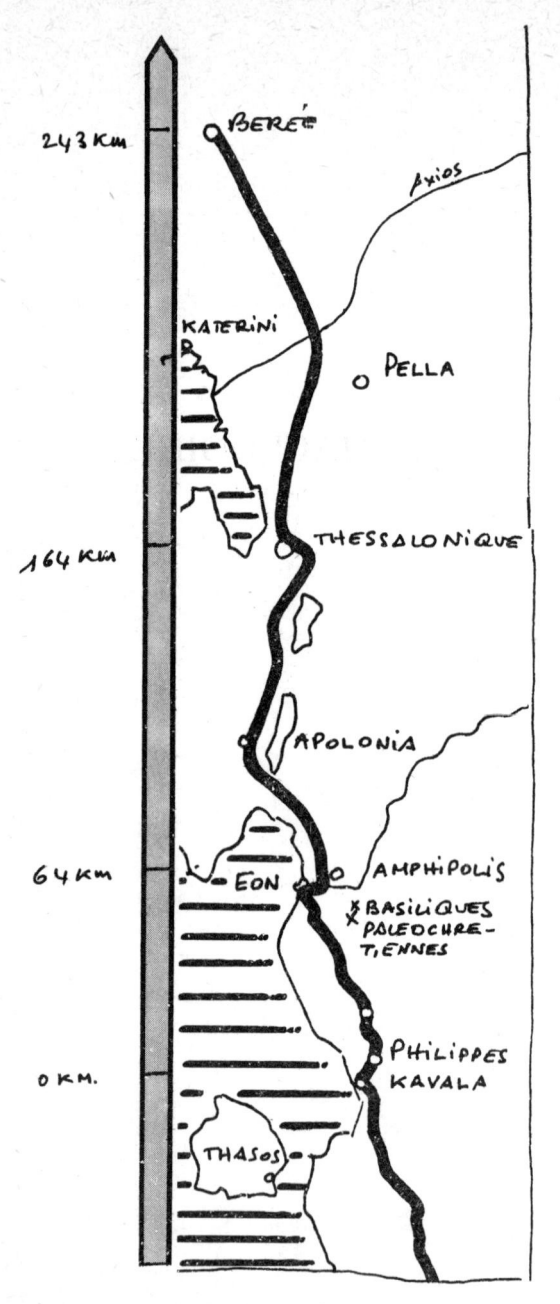

Carte-itinéraire n° 1

KAVALA

La nuit avait dû être claire, la mer cuivrée, d'où montait la tiédeur immuable de ce perpétuel été qu'est en toute saison le monde méditerranéen. Luc n'apportera pas beaucoup de renseignements de ce genre, se contentant de noter succinctement les étapes et les temps.

> « *Partis de Troas, nous fonçâmes sur Samothrace, et le lendemain, Néapolis...* » *(Actes* 16 : 11)

Donc une allure rapide, et pour l'indiquer, juste un verbe (« nous fonçâmes : εὐθυ-δρομήσαμεν) et la mention du lendemain (notons tout de suite qu'au voyage suivant, dans l'autre sens, ils mettront cinq jours : *Actes* 20 : 6). Il faut dire qu'ils ont traversé le courant violent des Dardanelles, qui entraîne vers le sud, et qu'il arrive au vent du nord de souffler très fort.

Pourtant, le bateau sur lequel les quatre hommes (Paul, Silas, Timothée, Luc) étaient passagers ne devait pas être un navire rapide, les formes élancées étant réservées aux navires de guerre, mais une de ces grosses embarcations aux formes rondes *(olcus, ploïon* ou *gaulos)*, ressemblant sans doute à ces petits chalutiers qu'on voit revenir le soir au port de Kavala, tous semblables et tous différents, robustes et sans âge.

Les chalutiers, dans le port de Kavala. Dominant le port, la forteresse byzantine. (Photographie de l'auteur.)

*
* *

La découverte de Kavala est comme une récompense. C'est une petite ville exquise, où l'on est heureux d'être, riche en spectacles pittoresques, à la fois animée et insouciante.

Un promontoire rocheux domine la ville, surmonté en deux temps d'une basilique de Notre-Dame et d'une forteresse byzantine (dont l'immense girouette est une flèche noire comme dans les cartes d'état-major), le tout relié à la montagne par un superbe aqueduc romain à double rangée d'arches, superbe aussi dans sa conservation.

Cette cité doit son nom (avec toutes les orthographes : Cavala, Kabala, Kavala, Kavalla) au fait qu'au temps des Turcs, donc avant 1913, c'était un relai de postes. Quelle que soit l'orthographe choisie, on entend encore dans la prononciation le galop des chevaux. Au temps où elle s'appelait Néapolis, à l'endroit de l'église actuelle de la Sainte Vierge (*Panaghéia*) se dressait une réplique du Parthénon d'Athènes dédié à cette autre vierge toute-puissante que fut l'Athéna des Grecs, protectrice, entre autres attributions, des marins et des pêcheurs.

Les seuls restes de ce temple d'Athéna que saint Paul a pu voir, sont au musée archéologique, à l'entrée de la ville. La fiche indique : « Deux chapiteaux ioniques d'excellent travail, fragments de colonnes et de bases : ce sont les seuls restes du temple de la Parthénos, déesse protectrice de Néapolis (début du Ve siècle avant J.C.) ». La façon dont le conservateur insiste pour dire qu'il s'agit là des seuls restes du temple antique a moins pour résultat de les mettre en valeur que d'indiquer à quel point l'antiquité grecque est oubliée.

Le monde du tourisme vit davantage des cérémonies orthodoxes et des souvenirs de Méhémet Ali, né en 1760, quand Kavala-Néapolis s'appelait encore Christopolis : de ce petit vendeur de tabac devenu sultan d'Egypte, on voit là-haut, sur la place de l'ancien Parthénon maintenant place Notre-Dame, la statue équestre, et non loin de là, dans le quartier musulman, entre la place et l'aqueduc romain, la maison natale, qu'on visite à heures fixes.

Et c'est sans doute par un plus grand effort de mémoire et d'imagination que l'on évoque Brutus, vaincu à Philippes, vivant alors un drame shakespearien, venu chercher refuge dans cette charmante baie, avant de s'embarquer pour l'île toute proche de Thassos et y inhumer secrètement Cassius, dans la crainte que ses funérailles ne portent une atteinte définitive à ce qui restait de moral aux armées romaines. C'était en 42 avant notre ère.

*
* *

Pour Paul lui-même, la belle apparence de la cité l'incita à mettre pied à terre et à en rester là de son voyage marin. Le spectacle auquel il assista lui dit assez qu'il était au cœur de son projet macédonien.

Mais assez curieusement aussi, la ville l'intéressa moins que cette barrière de montagnes sauvages, dressées là tout autour, menaçantes mais aussi provoquantes, qui lui semblaient à franchir aussitôt. Se souvenait-il de Tarse, qu'il n'avait point cherché à évangéliser, et la chaîne du Taurus (la disposition des lieux est un peu la même) qu'il avait franchie lors de son premier voyage missionnaire pour atteindre à l'intérieur des terres le cœur même de l'Asie mineure ? Ou bien découvrit-il, en mettant pied à terre, que la ville, de près, faite de ruelles sans ordonnance et de petites échopes grouillante, diffuse, insaisissable, était loin de valoir la belle apparence qu'elle a, vue de la mer ou des surplombs qui l'entourent ?

De toute façon, Luc l'entraîna vers Philippes.

*
* *

On peut reconnaître l'endroit où probablement ils mirent pied à terre : il ne faut pas chercher du côté de l'actuelle cathédrale St-Paul, rue Omonia, de construction récente (1928), mais du côté de l'église St-Nicolas, reconstruite et agrandie en 1930.

Cette église fut construite sur l'emplacement d'une chapelle paléochrétienne, devenue mosquée sous les Turcs et rendue au culte chrétien par la contribution des pêcheurs (le corps de métier probablement le plus fortuné de la ville) qui, en échange de leur argent, demandèrent que l'église ne fût plus dédiée comme auparavant à saint Paul mais à saint Nicolas, leur patron. Morton raconte que de son temps, c'est-à-dire au début de notre siècle, les prêtres orthodoxes lui ont montré derrière l'église « une marque circulaire sur le pavement »[1], désignant l'endroit précis où saint Paul a débarqué.

Toujours est-il qu'on peut voir à l'extérieur de l'église, contre le mur, juste au commencement de la partie neuve, une vieille grosse borne sombre, usée en son milieu par les cordages : c'était là qu'on arrimait les bateaux, à cette époque où la mer arrivait jusque-là, c'est-à-dire à une bonne centaine de mètres en retrait par rapport au quai actuel.

---

1. H.V. Morton, *In the steps of saint Paul,* ad loc.

L'église de Saint-Nicolas, autrefois dédiée à saint Paul. On remarque la partie de construction récente (1930). On distingue en bas la borne où s'arrimaient les bateaux. (Photographie de l'auteur.)

La voie Egnatia. — Cette route romaine était une des plus importantes de l'Empire romain. Elle fut la première à être construite en dehors de l'Italie. D'Apollonia, sur la côte Adriatique, elle aboutissait à Byzance, en passant par Philippes. L'importance de cette route était manifestement stratégique, mais aussi commerciale. C'est elle que suivit Paul, de Philippes à Amphipolis, puis Thessalonique. (Photographie Michel Grisier.)

PHILIPPES

Le site

A 15 km de Kavala, en direction de Drama, séparé de la côte par le mont Symbolum, dernier contrefort de la chaîne du Pangée, Philippes est aujourd'hui une ville morte, malgré la route Egnatia qui la traverse en son milieu, assez malheureusement d'ailleurs. On peut même passer par la route sans remarquer les ruines, en contre-bas, de quatre ou cinq mètres. Aux heures de la canicule, quand le soleil plombe sur les fûts de marbre blanc et que le passage de voitures de touristes égarés soulève des nuages de poussière, la cabane du gardien, à droite en venant de Kavala, est le seul signe de vie qui reste de cette capitale que Luc décrivait avec fierté.

Et quand on est là, près de cette cahute à l'ombre d'un olivier, on ne s'est pas rendu compte qu'on est parvenu en plein cœur de l'ancienne cité.

Ces piliers bizarres, qui apparaissent de loin comme quelque reste de ces arches triomphales qu'on voit de temps en temps dans la campagne macédonienne, révèlent de près un édifice qui dut être grandiose par ses dimensions et sa splendeur. C'est une cathédrale du vi^e siècle, indiquée sur les plans comme étant la basilique B, dédiée fort probablement à saint Paul (qui risquerait de se tromper?), peut-être construite sur l'emplacement du palais d'Alexandre le Grand, que l'apôtre aurait donc vu.

Saint Paul aurait aussi connu le forum tel quel, même si le dallage a été refait sous Marc-Aurèle (161-180). Son état de conservation est idéal, le tracé parfait, les canalisations sauvegardées. Les bases de colonnes et les fûts révèlent qu'il était bordé de beaux temples, qui se faisaient face, à l'est et à l'ouest. Le long du *Décumanum*, en contre-bas de l'actuelle route nationale (c'était le passage des chars, dont on voit encore la trace dans les dalles), on distingue la tribune aux harangues, et un édifice ionique. A l'est, une voie à portiques conduisait à une large bibliothèque ; au sud, entre le forum et la basilique B, l'agora, le marché aux affaires.

De l'autre côté de la voie Egnatia, des escaliers mènent par la gauche à une autre basilique. On passe devant une citerne romaine, et à droite la prison où saint Paul fut incarcéré. Plus haut, en longeant des sanctuaires, au pied de la roche, on se rend au théâtre, si bien conservé qu'il s'y tient toujours le festival de Philippes, du 15 juillet au 15 août.

Historique

La cité avait été fondée au IVe siècle par Callistrate, le rebelle d'Athènes, aidé par les habitants de l'île de Thasos, chez qui il avait trouvé refuge. Elle s'était d'abord appelée Krénides, et reçut son nom définitif en 356, lors de son annexion par Philippes II de Macédoine. Il est bien probable que c'est sur les ruines du palais d'Alexandre que la basilique B a été construite : on en voit encore les vestiges monumentaux. La ville avait dû sa première prospérité aux mines d'or du Pangée.

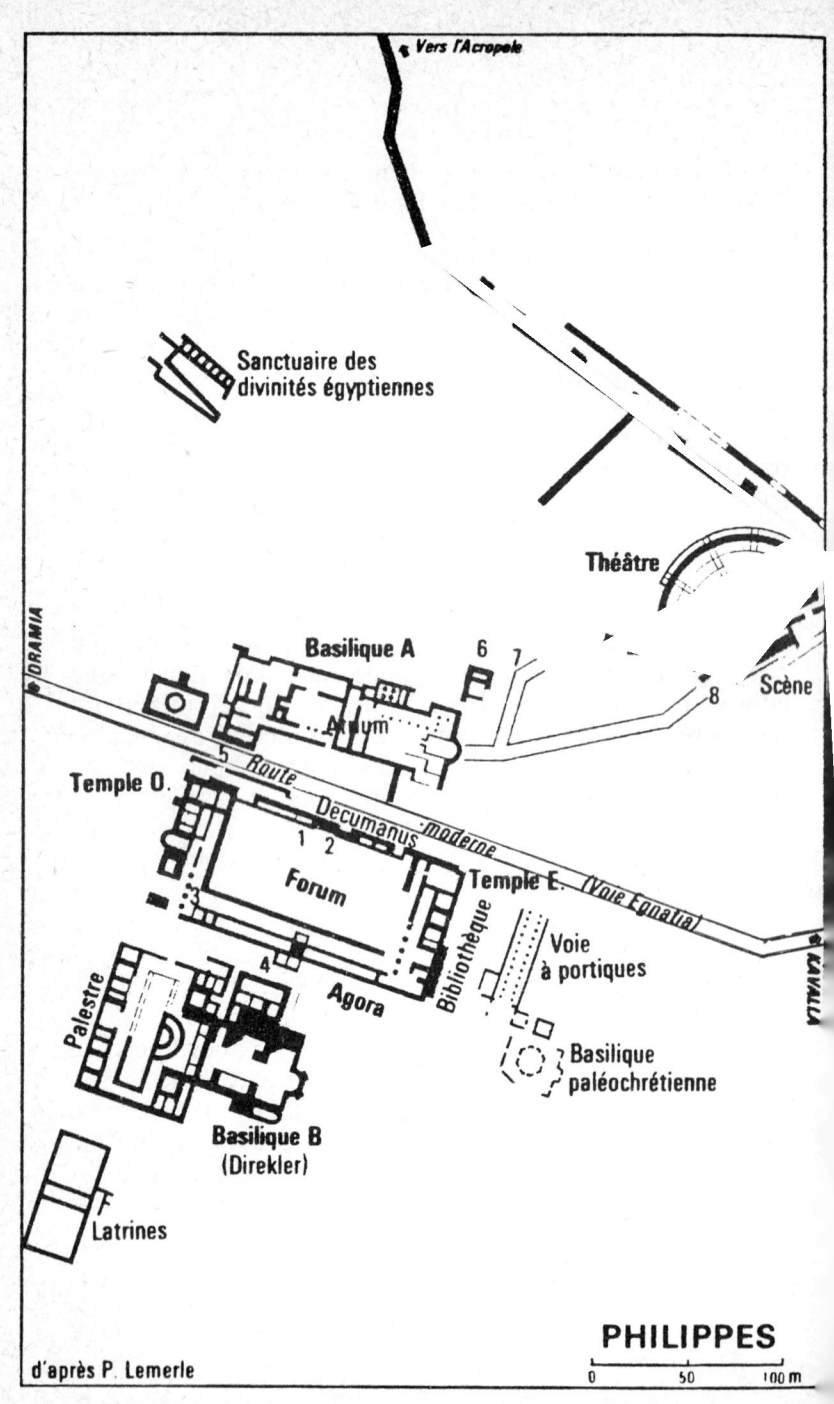

Plan de Philippes, d'après P. Lemerle

Mais Philippes est surtout devenu célèbre depuis l'affrontement, en 42 avant J.C., des armées romaines, commandées les unes par Cassius et Brutus, les assassins de César et ardents défenseurs de la République, les autres par Octave et Antoine, qui furent vainqueurs. On sait que cette date marque la fin de la République. Le Gangilès, ce cours d'eau où sera baptisée Lydie, fut ce jour-là, dit-on, rouge du sang romain.

C'est à ce moment que les vainqueurs donnèrent la ville à leurs soldats, qui y acquirent droit de cité. Tout le territoire fut offert aux vétérans de la bataille, à qui on envoya du renfort. Ils firent la fortune de la ville et y maintinrent ferme les traditions romaines. Ainsi fut fondée la *Colonia Augusta Julia Philippensis*.

Ainsi à l'époque où Paul parvint à Philippes, ce sont les descendants des vétérans qu'il rencontra : c'est eux qui tenaient l'administration et faisaient la loi. La ville n'avait rien d'une cité orientale : on y vivait à l'heure de Rome, et dans le souvenir d'Auguste ; on y parlait latin, on légiférait selon la plus stricte tradition du droit romain, on y battait monnaie à inscriptions latines : les stèles funéraires dans le petit cimetière du N.-O. sont presque toutes dans la langue de Virgile. Bref, on y était plus romain qu'en la Rome de cette époque-là.

Il est à noter aussi que contrairement aux autres cités que Paul visitera, il ne s'y trouve pas de synagogue : Philippes se souvenait que les juifs avaient été chassés de Rome.

Le récit de Luc

Pourquoi le narrateur du Livre des Actes est-il si manifestement pressé d'en venir à Philippes ?

1. Est-ce l'abondance du sujet, qui l'oblige à faire court,

en négligeant les moments du voyage ? Mais comment l'admettre alors de façon générale, quand on constate qu'il va maintenant consacrer complaisamment à l'étape philippienne la plus grande partie d'un chapitre (*Actes* 16 : 12-40) dont les premières lignes relatent si hâtivement (v. 6-10) toute la traversée d'Asie mineure ? Notons, à titre de comparaison, que neuf versets seront consacrés à Thessalonique et cinq à Bérée.

2. Ne peut-on supposer que c'est par souci littéraire, ou plus exactement pour les facilités de la lecture en public dans les communautés primitives, que Luc alterne régulièrement les relations succinctes et les épisodes plus développés qui constituent ainsi comme des épisodes à part : ce ne serait pas le premier exemple de sa manière puisque toute la première partie du Livre des Actes (jusqu'au chapitre 12) donne l'impression que c'est sur un fond de journal de bord[1] qu'ont été insérés ensuite des récits ponctuels, racontés comme des épisodes à part.

3. L'interprétation la plus vraisemblable est celle que nous faisions déjà valoir plus haut[2], reposant sur une tradition ancienne selon laquelle Luc serait citoyen de Philippes, où il exerçait au moment où il est allé chercher Paul à Troas. C'est ce qui expliquerait notamment qu'il n'a pas été inquiété lors de l'arrestation de Paul et de Silas. De là cette complaisance aux événements de Philippes, le narrateur connaissant déjà les principaux personnages et étant connu d'eux, et la fierté mal dissimulée du ton :

« *Nous allâmes à Philippes, qui est la première ville d'un district de Madédoine et une colonie* » (*Actes* 16 : 2)

---

1. On peut facilement reconstituer le journal de bord primitif : *Actes* 1 : 1-11 ; 2 : 1-4 ; 41-47 ; 4 : 32-37 ; 5 : 12-16 ; 6 : 1-7 ; 8 : 1-4 ; 9 : 31-35 ; 11 : 1-18).
2. Voir ci-dessus p. 11.

Philippes : le Forum, tel que saint Paul a pu le voir. Le dallage a été refait sous Marc-Aurèle (161-180). (Photographie de l'auteur.)

C'est au point, qu'une fois revenu le style de la narration succincte (20 : 1-6), l'importance de la capitale surpasse à ce point aux yeux de Luc les autres agglomérations qu'il déclare : «Nous nous embarquâmes à Philippes» (v.6), ce qui a toujours été une impossibilité géographique [3].

3. Aujourd'hui, c'est le contraire : le syndicat d'initiatives de Kavala se vante de la beauté de ses sites archéologiques et montre Philippes !

4. Il est peut-être une autre raison à cette hâte d'atteindre Philippes, qui apparaît encore aujourd'hui au voyageur : Kavala-Néapolis est vraiment un petit port de petits marchands et de petites boutiques, où les gens n'ont pas la monnaie à vous rendre sur mille drachmes. Imaginez ce qu'auraient pu faire les marchands de l'époque si Paul leur avait présenté quelques grosses pièces d'argent, frappées à Éphèse, à Lystre ou à Jérusalem ! Même si la *Pax Romana* en reconnaît le cours, personne ne tient à se charger de monnaies mal connues. Tandis qu'à Philippes, on bat monnaie romaine ; on y peut faire des échanges, y trouver du travail, et Luc y a des relations... Et Paul trouvera bien quelque coreligionnaire, qui lui fera quelque avance d'argent.

On sait que tout s'arrangera comme prévu, par la rencontre de Lydie et de ses amis. Et s'éclaire déjà tel passage de l'Épître aux Philippiens, où l'on voit que les fidèles de la première communauté fondée en Europe comprendront bien leur rôle et deviendront les banquiers de Paul (*Philippiens* 4 : 10-20).

Un lieu de prière

« *Le jour du sabbat, nous nous rendîmes hors de la porte, vers une rivière, où nous pensions que se trouvait un lieu de prière. Nous nous assîmes, et nous parlâmes aux femmes qui étaient réunies. L'une d'elles, nommé Lydie, marchande de pourpre, de la ville de Thyatire, était une femme craignant Dieu, et elle écoutait. Le Seigneur lui ouvrit le cœur pour qu'elle fût attentive à ce que disait Paul. Lorsqu'elle eut été baptisée, avec sa famille, elle nous fit cette demande : Si vous me jugez fidèle au Seigneur, entrez dans ma maison, et demeurez-y. Et elle nous pressa par ses instances.* » (*Actes*, 16 : 13-15.)

Il n'y avait donc point de synagogue en ville : cette mini-Rome qu'était Philippes appliquait elle aussi le décret d'expulsion des juifs. On y trouvait juste une προσευχή, c'est-à-dire un lieu de réunion et de prières, et encore hors-les-murs : il fallait sortir de la ville, franchir au nord-ouest l'arc de triomphe commémorant la victoire d'Octave et d'Antoine, et marcher plus de cinq cent mètres avant d'arriver au bord de la rivière.

***

C'est là que les quatre hommes, cherchant à se recueillir le jour du sabbat, qui à cette époque est resté le jour du culte chrétien, feront la connaissance de Lydie « la marchande de pourpre originaire de Thyatire ».

On s'est beaucoup préoccupé de la situation sociale de Lydie. Etait-elle veuve, qu'elle soit responsable d'un commerce florissant[4] ?

Ses relations avec les milieux juifs, qui font d'elle une sympathisante, une « craignant Dieu » comme on disait, étaient peut-être à l'origine de sa fortune, et même de sa présence à Philippes. Les juifs en effet avaient mis la main sur tout le commerce des tissus dans l'Empire. Lydie devait recevoir des étoffes et procéder à leur teinture, travaillant à façon pour le compte de grands négociants qui trafiquaient entre l'orient et Rome : car les étoffes de pourpre n'étaient pas destinées à la petite clientèle, et l'on voit mal Lydie faire du commerce de boutique[5]. Elle n'était d'ailleurs pas

---

4. Surtout si on connaît la condition de la femme dans l'antiquité, notamment dans un contexte romain.
5. J. R. ARMOGATHE (*Paul ou l'impossible unité,* p. 102) pense pouvoir tirer du mot πορφυρόπωλίς qui indique le métier de Lydie (radical πωλέω vendre) qu'il s'agit d'un petit commerce. L'argument n'est pas convaincant, d'autant plus qu'il s'agit d'un mot composé couramment utilisé, dont la signification précise est probablement perdue.

La petite église consacrée à Lydie et à Paul, près de l'endroit où celle-ci fut baptisée. (Photographie de l'auteur.)

la seule dans cette activité, et il devait y avoir à Philippes plusieurs entreprises travaillant pour le compte de ce grand centre commercial du Moyen-Orient qu'était Thyatire [6], si l'on tient compte d'un témoignage, malheureusement de seconde main, lu à la fin du XIXe siècle sur un marbre aujourd'hui disparu :

---

6. Aujourd'hui Akhisar, spécialisé dans la fabrication des tapis. *Apoc.* 2 : 18-25 parle de Thyatire comme d'une cité active, où prévalait le syncrétisme religieux.

« Parmi les teinturiers spécialisés dans la pourpre, la cité a honoré du titre de bienfaiteur un citoyen de qualité : Antiochus, fils de Lucus, originaire de Thyatire [7] »

C'est assez dire l'influence et la richesse que valait l'exercice d'un tel commerce. Etrange figure que celle de Lydie, encore que discrètement évoquée par Luc : en contraste avec la condition faite à la femme dans l'antiquité, on découvre chez la première chrétienne de l'Europe une personne responsable, émancipée, avisée, probablement influente et riche, et de plus chef de famille [8] : c'est elle qui va accueillir l'apôtre Paul et ses amis. Non seulement les recevoir mais les aider efficacement.

***

L'endroit où fut baptisée Lydie, on le découvre en se rendant sur les bords de ce ruisseau, à quelque cent mètres de cette petite église consacrée à Lydie et à Paul : sous les ombrages, à un détour du cours d'eau ailleurs rapide et encombré de grosses pierres (c'est lui qui fut rougi du sang romain en 42), un dallage ancien permet de descendre sans difficulté, comme par des marches, sur un lit de sable, dans les eaux claires et peu profondes. Il fait bon rester là, se reposer, et rêver, après la visite des ruines de Philippes, éprouvantes de soleil.

Une fois baptisée, Lydie voulut que Paul et ses compagnons viennent dans sa maison : elle insista vraiment, trouvant des arguments à quoi ne pouvait décemment résister ni l'amitié naissante, ni même la simple

---

7. Inscription découverte à Philippes en 1872 par Mertzides : cité par O. Meinardus *Saint Paul in Greece,* p. 12-13.
8. *Actes* 16 : 15, dit qu'elle fut baptisée « elle et sa famille ».

politesse : « Si vous me jugez fidèle au Seigneur... » Luc le note non sans une légère ironie, quand on devine que les voyageurs ne demandaient sans doute pas mieux.

On dit que la maison de Lydie était située là où se trouve aujourd'hui le petit café qui s'appelle « le Lydie ».

Combien de temps demeurèrent-ils là : Luc ne le précise point. Est-ce de ce moment qu'est née l'église des Philippiens, pour qui l'apôtre gardera tant d'amitié ?

Les événements

La tranquillité évoquée dans tout ce passage, et tellement ressentie quand on est sur les lieux, ne devait pas durer. Un incident, fortuit, né d'un mouvement d'impatience de Paul, devait donner lieu à une dénonciation, à l'emprisonnement de Paul et de Silas, et à leur expulsion. Le tout raconté avec beaucoup de détails.

1. *L'incident.* Voilà maintenant de nombreux jours sans doute (au point que Paul en était fatigué : *Actes* 16 : 18a) qu'il était suivi par une extralucide, qui, en fait, lui faisait plutôt de la publicité :

> « *Comme nous allions au lieu de prière, une servante qui avait un esprit de Python, et qui, en devinant, procurait un grand profit à ses maîtres, vint au-devant de nous, et se mit à nous suivre, Paul et nous. Elle criait : Ces hommes sont les serviteurs du Dieu Très-Haut, et ils vous annoncent la voie du salut. Elle fit cela pendant plusieurs jours. Paul, fatigué, se retourna et dit à l'esprit : Je t'ordonne, au nom de Jésus-Christ, de sortir d'elle. Et il sortit à l'heure même.* » (*Actes* 16 : 16-18.)

D'autres que Paul auraient peut-être apprécié cette aide efficace et gratuite. Mais n'aurait-ce point été aller dans le sens des croyances locales, qui tenaient les oracles en grand crédit : outre qu'on était en présence d'une organisation, lucrative, plus ou moins officiellement admise, dont la Pythie de Delphes donnait le premier exemple.

Après tout le Christ lui-même n'avait pas non plus accepté que les démons lui rendent témoignage (*Marc* 5 : 7-8).

Paul, à bout de patience, prononce donc les paroles de l'exorcisme : et à l'instant, la jeune femme fut guérie.

2. *La dénonciation.* Ce qui ne faisait pas l'affaire de tout le monde. Les oracles de la pythonisse rapportaient gros à ses « patrons » (οἱ κύριοι) qui voient, comme Luc le dit délicatement, que s'en est allé l'espoir de leur gain. Ils interviennent, non sans violence, et portent plainte.

> *« Les maîtres de la servante, voyant disparaître l'espoir de leur gain, se saisirent de Paul et de Silas, et les traînèrent sur la place publique devant les magistrats. Ils les présentèrent aux préteurs, en disant : Ces hommes troublent notre ville ; ce sont des juifs, qui annoncent des coutumes qu'il ne nous est permis ni de recevoir ni de suivre, à nous qui sommes Romains. »* (*Actes* 16 : 19-21.)

Ce qui fait l'originalité des événements de Philippes, par comparaison avec les autres villes où ce sont les juifs qui font querelle à l'apôtre à propos de questions doctrinales et provoquent le soulèvement populaire, c'est que là, dans cette colonie romaine où les juifs n'ont pas droit de cité, il est reproché à nos hommes d'en être : « Ce sont des juifs ! » Il s'agit dès lors d'une plainte formelle, déposée par des citoyens devant les magistrats, visant des étrangers [9].

---

[9] Est-ce la raison pour laquelle Luc, qui est bien connu à Philippes même s'il est mêlé de près aux circonstances de l'arrestation de Paul et de Silas (« *nous allions* au lieu de prière,... la servante se mit à *nous* suivre... » : Actes 16 : 16-17) n'est malgré tout pas inquiété (« on arrêta Paul et Silas... v. 19) ?

D'ailleurs les griefs sont bien nettement exprimés, et distingués : a) trouble de l'ordre public ; b) provoqué par des étrangers ; c) coupables de menées subversives.

La formule est habile et montre assez que Luc, en la notant, identifie les ressorts habituels des états policiers. La triple accusation, en dénonçant les troubles actuels, signale l'état d'illégalité vers lequel on risque de s'orienter si l'on n'agit pas vite (« des coutumes qu'il ne nous est pas permis de suivre ») et indique les mesures urgentes à prendre : il s'agit d'étrangers, donc l'expulsion. Le tout renforcé d'un coup de trompette à la fierté patriotique, pour ressusciter les vieux démons nationalistes : les signataires font état de leur qualité de citoyens romains. Ils ne savent pas que Paul l'est aussi.

De fait, les responsables du maintien de l'ordre sont directement interpellés. La politique était, dans ces régions aux populations mêlées, de ne pas intervenir à propos de croyances particulières tant que celles-ci ne gênaient pas l'ordre public, et il faut faire valoir dans la plainte que cette limite est franchie : plus, qu'on tient les responsables. Plus encore : les plaignants se posent en défenseurs de l'Etat (alors qu'on connaît les vraies raisons, très terre-à-terre, de leur intervention : *Actes* 16 : 19). A les entendre, ils n'ont d'autre souci que l'intégrité romaine, et la crainte de toute altération de cette identité sous des influences étrangères.

3. *L'arrestation*. Si les autorités sont manifestement l'objet de manipulation, les plaignants qui sont là connaissent bien les motifs qui les font habituellement intervenir. On dirait même que Luc, en relatant strictement les événements, fait une critique de l'action politique. C'est particulièrement visible dans les versets qui suivent, où apparaît nettement le caractère sommaire de l'action judiciaire, aussitôt suivie d'effet, à l'encontre de ces agitateurs dont on n'a même pas relevé l'identité, ni la qualité.

Philippes : la prison de Paul. (Photographie de l'auteur.)

« La foule se souleva aussi contre eux, et les préteurs. Ayant fait arracher leurs vêtements, ordonnèrent qu'on les battît de verges. Après qu'on les eut chargés de coups, ils les jetèrent en prison, en recommandant au geôlier de les garder sûrement. Le geôlier, ayant reçu cet ordre, les jeta dans la prison intérieure et leur mit les ceps aux pieds. » (Actes 16 : 22-24.)

Les magistrats portent le titre de *stratégoi* (v. 20) : ce sont donc des militaires, ce qui donne la raison de cette justice expéditive et voulue exemplaire.

Ils portent aussi le nom de *duoviri* et président aux destinées de chaque colonie romaine : ils ont pouvoir de justice simple et n'ont de compte à rendre qu'au proconsul qui, lui, siège dans la capitale provinciale (Amphipolis). Ce qui explique peut-être que dans la présente affaire ils ne rendent pas de jugement et procèdent à des punitions immédiates, en fait relativement mineures : arrestation, bastonnade, incarcération, garde à vue pour une nuit. En fait, tout aurait pu en rester là si Paul n'avait pas révélé au moment où il allait être relâché, sa qualité de citoyen romain.

C'est vrai qu'il s'était passé cette nuit-là des événements peu ordinaires.

> « *Vers le milieu de la nuit, Paul et Silas priaient et chantaient les louanges de Dieu, et les prisonniers les entendaient. Tout à coup il se fit un grand tremblement de terre, en sorte que les fondements de la prison furent ébranlés : au même instant, toutes les portes s'ouvrirent et les liens de tous les prisonniers furent rompus. Le geôlier se réveilla, et, lorsqu'il vit les portes de la prison ouvertes, il tira son épée et allait se tuer, pensant que les prisonniers s'étaient enfuis. Mais Paul cria d'une voix forte : Ne te fais point de mal, nous sommes tous ici. Alors le geôlier, ayant demandé de la lumière, entra précipitamment, et se jeta tout tremblant aux pieds de Paul et de Silas; il les fit sortir, et dit : Seigneurs, que faut-il que je fasse pour être sauvé ? Paul et Silas répondirent : Crois au Seigneur Jésus, et tu seras sauvé, toi et ta famille. Et ils lui annoncèrent la parole du Seigneur, ainsi qu'à tous ceux qui étaient dans sa maison. Il les prit avec lui, à cette heure même de la nuit, il lava leurs plaies, et aussitôt il fut baptisé, lui et tous les siens. Les ayant conduits dans son logement, il leur servit à manger, et il se réjouit avec toute sa famille de ce qu'il avait cru en Dieu.* » (Actes 16 : 25-34.)

Il reste à penser que ce tremblement de terre fut particulièrement localisé, pour n'être ressenti que dans la prison. Personne, dans la ville, n'a réagi ; personne le lendemain, n'est au courant. Tout a été très vite : la libération miraculeuse des prisonniers (tous, v. 26 : furent-ils tous d'accord pour rester quand même, v. 28 ?), la conversion et le baptême du geôlier et des siens, suivi d'un repas de famille.

4. *L'expulsion.* Aussi quand les gens de police viennent les relaxer le matin suivant, Paul cette fois s'indigne :

> « *Comment ! On nous fait rosser en public et sans jugement, nous qui sommes citoyens romains, et on nous jette en prison, et maintenant, on veut nous expulser en cachette ! Pas question ! Qu'ils viennent eux-mêmes nous mettre en liberté. Les licteurs rapportèrent ces paroles aux préteurs, qui furent effrayés en apprenant qu'ils étaient Romains. Ils vinrent les apaiser, et ils les mirent en liberté, en les priant de quitter la ville.* » (*Actes* 16 : 37-39.)

En se faisant adresser des excuses, Paul voyait loin. Il préparait un avenir de facilités à la jeune communauté qu'il allait laisser derrière lui.

D'abord, en faisant venir les responsables, il voulait leur faire mesurer eux-mêmes que lui, Paul, faisait un geste de bonne volonté. Il aurait pu porter l'affaire plus haut, réclamer l'application des lois Valéria et Porcia, et les sanctions qu'elles prévoyaient aux contrevenants, ce qui n'aurait pas manqué de nuire à la carrière des responsables. Ou bien il aurait pu rendre le scandale public, ce qui aurait provoqué l'indignation des citoyens romains de Philippes et leur agitation cette fois à l'encontre des magistrats. Paul ne fera rien de tout cela : il se contentera d'excuses.

Mais il les exige, il veut qu'elles soient personnelles, et il les obtiendra sans peine. Ce qui prouve assez qu'il a du caractère, et le sens de l'honneur. Il tient qu'on sache que sa bonne volonté n'est pas mollesse : attention aux récidives. Il est des moments où l'on ne gagne rien à se laisser humilier, surtout quand on a à faire à la bêtise musclée. Il a le droit à des compensations, et c'est la jeune communauté chrétienne qui en profitera.

Et puis, en prouvant qu'il tient à sa qualité de citoyen romain, ne montre-t-il pas qu'il n'avait pu annoncer des doctrines contraires à la loi romaine, comme on l'en a accusé un peu facilement ?

Ainsi, tout en administrant une sévère leçon de gouvernement aux stratèges municipaux, il fait d'eux ses obligés, et empêche tout retour aux délateurs d'hier qui feront bien désormais de se tenir tranquilles, l'affaire de la pythonisse étant bien réglée.

> « *Quand ils furent sortis de prison, ils entrèrent chez Lydie, et après avoir vu et exhorté les frères, ils partirent.* » (*Actes* 16 : 40.)

Ainsi donc protégés, ils retourneront chez Lydie au vu et au su de tout le monde, et de recevoir des citoyens romains n'est pas non plus sans honneur pour Lydie, qu'on prenait sans doute pour une juive. Combien de jours Paul et Silas resteront-ils chez elle ? Sans doute le temps de donner les dernières instructions et d'organiser la petite communauté, qui sera confiée à Timothée et à Luc, et aura bientôt ses anciens et ses diacres (*Philippiens* 1 : 1). C'est cette fois de lui-même que Paul accédera au désir des autorités municipales, qui est devenu une prière : on lui a demandé en effet de quitter la ville (*Actes* 16 : 39). D'ailleurs maintenant devenus trop en vue, Paul et Silas par leur présence ne pouvaient que gêner le développement de la petite communauté, tandis que Timothée et Luc, par hasard ou à dessein, ont pu échapper à toute l'aventure, et n'ont point défrayé la chronique locale. Paul et Silas s'en vont donc (*Actes* 16 : 40). Timothée les rejoindra, probablement à Thessalonique, en tout cas quand ils seront à Bérée (*Actes* 17 : 14). Luc restera à Philippes, jusqu'au prochain voyage de Paul, bien des années après (*Actes* 20 : 6).

Luc a réalisé le rêve du macédonien. Son rêve.

L'Epître aux Philippiens

L'Epître aux Philippiens, écrite beaucoup plus tard, à une époque où Paul est en captivité (à Rome ?) est celle d'un homme lassé. Lassé par les épreuves personnelles, mais lassé surtout de voir que certains responsables hiérarchiques de l'Eglise primitive pensent davantage à leur carrière personnelle qu'au service du Christ, et le critiquent, lui, Paul.

> « *Je n'ai personne qui partage ici mes sentiments... Tous en effet cherchent leurs propres intérêts et non ceux de Jésus-Christ.* » (*Phil.* 2 : 20-21.)
> « *Il en est plusieurs qui marchent en ennemis de la croix du Christ, je vous en ai souvent parlé et j'en parle maintenant en pleurant... Ils ne pensent qu'aux choses de la terre... Mais notre cité à nous est dans les cieux.* » (*Phil.* 3 : 18-19.)

Qu'il s'agisse de ministres de l'Evangile, c'est clair, puisqu'ils prêchent le Christ « par esprit de dispute » (*Phil.* 1 : 15), afin de susciter des ennuis à Paul en prison (*Phil.* 1 : 18). Ils sont appelés de « mauvais ouvriers » (*Phil.* 3 : 2) et il est à croire que depuis Rome, ils sévissaient dans toutes les régions évangélisées par Paul, puisque même les Philippiens doivent se tenir en garde contre leur intervention (cette lettre n'est-elle pas en partie écrite pour les devancer ?). Ils se prévalent de leurs titres (*Phil.* 3 : 3-4) prétendent sans doute avoir connu le Christ selon la chair (voir 2 *Cor.* 5 : 16) au point que Paul lui-même mis en cause, accusé d'usurpation, est amené à faire valoir à son tour ses qualités, qui ne pèsent pas moins que les prétentions des autres :

> « *Moi aussi cependant, j'aurais sujet de mettre ma confiance dans la chair. Si quelque autre croit pouvoir se confier en la chair, je le puis bien davantage, moi, circoncis le huitième jour, de la race d'Israël, de la tribu de Benjamin, hébreu né d'hébreux : quant à la loi, pharisien, quant au zèle, persécuteur de l'Eglise ; irréprochable, à l'égard de la justice de la loi. Mais ces choses qui étaient pour moi des gains, je les ai regardées comme une perte, à cause de Christ.* » *(Phil.* 3 : 4-7.)

A voir les titres dont il se prévaut, tout mène à croire que l'enjeu était justement là, dans les prérogatives restées, croyait-on encore, aux judéo-chrétiens : tout montre que la décision de Jérusalem n'a été ni comprise ni respectée. Tout porte à croire aussi qu'il est question ici des apôtres de Jérusalem, ou de gens mandatés par eux, probablement même de Jacques ou de Pierre, que l'on n'ose nommer (mais on le fera en 1 *Cor* 1 : 12)[10] et qui contestent le ministère de Paul.

On comprend alors que Paul se sente bien seul, ou plutôt mal entouré. Il ne lui reste que Timothée et Epaphrodite (*Phil.* 2 : 19-30), dont il n'a pas la force de se séparer. Il cherche à parler à de vrais frères, ses amis de toujours. En écrivant aux Philippiens, il retrouve une longue amitié, indéfectible ; des souvenirs :

> « *Je rends grâces à mon Dieu de tout le souvenir que je garde de vous... depuis le premier jour... Je vous porte dans mon cœur... Je vous chéris tous de la tendresse de Jésus-Christ.* » *(Phil.* 1 : 3-9.)

10. Voir ci-dessous, p. 213.

Il s'est passé beaucoup de temps depuis la première prédication de Paul à cette première communauté de l'Europe. On a à faire maintenant à une église solide, bien constituée, avec ses anciens et ses diacres (*Phil.* 1 : 1) et Paul leur parle avec une certaine déférence, comme s'il avait des comptes à leur rendre :

> « *Je veux que vous sachiez, frères, que ce qui m'est arrivé a plutôt contribué aux progrès de l'Evangile.* » (*Phil.* 1 : 12-14.)

Il leur parle comme à des gens adultes dans la foi chrétienne, au même niveau spirituel que lui-même :

> « *Nous tous qui sommes parfaits...* » (*Phil.* 3 : 15.)

Mais on sent bien que l'apôtre à ce moment est fatigué. Il n'a plus le cœur aux polémiques (*Phil.* 3 : 15-16) ; ce n'est plus non plus un homme tout jeune : il a traversé tant d'épreuves ! Peut-être souffre-t-il physiquement (*Phil.* 3 : 21). Sans doute forme-t-il le projet d'un voyage à Philippes, pour y rencontrer ses amis (*Phil.* 1 : 26 ; 2 : 12 ; 2 : 24) mais cette hypothèse aussitôt entrevue est nuancée, pour qu'on n'y voie ni une promesse, ni un moindre engagement (*Phil.* 1 : 27). En fait il n'a pas de vrais projets ; il parle même de sa mort :

> « *Même si je sers de libation pour le sacrifice et pour le service de votre foi, je m'en réjouis, et je me réjouis avec vous tous...* » (*Phil.* 2 : 17.)
> « *Christ sera glorifié dans mon corps.. soit par ma vie soit par ma mort.* » (*Phil.* 1 : 20.)

Et l'on sent dans ce passage, une très grande lassitude :

> « *Même s'il est utile pour mon œuvre que je vive dans la chair, je ne saurais dire ce que je dois préférer : j'ai le désir de*

m'en aller et d'être avec Christ ce qui est de beaucoup le meilleur; mais à cause de vous, il est plus nécessaire que je demeure dans la chair. (Phil. 1 : 22-24.)

Pourtant, rien de négatif non plus, au contraire ; une invitation à la fidélité et à l'espérance :

« *Seulement, conduisez-vous d'une manière digne de l'Evangile du Christ, afin que, soit que je vienne vous voir, soit que je reste absent, j'entende dire de vous que vous demeurez fermes dans un même esprit, combattant d'une même âme pour la foi de l'Evangile, sans vous laisser aucunement effrayer par les adversaires, ce qui est pour eux une preuve de perdition, mais pour vous de salut : et cela de la part de Dieu, car il vous a été fait la grâce non seulement de croire en lui, mais encore de souffrir pour lui, en soutenant le même combat que vous m'avez vu soutenir, et que vous apprenez maintenant que je soutiens.* » *(Phil.* 1 : 27-30.)

Après de très belles exhortations à l'humilité, à l'exemple du Christ, loin des ambitions et des rivalités (*Phil.* 2 : 2-11), et à la persévérance (*Phil.* 2 : 12-18) il leur donne quelques nouvelles, de ses rares amis (*Phil.* 2: 25-30).

La lettre pourrait s'arrêter là (*Phil.* 3 : 1). Mais Paul reprend, tout en cherchant à faire excuser son insistance (v. 2). Il se défend encore contre ceux qui l'attaquent et contestent son ministère : qu'il n'arrive point à se défaire de cette idée montre assez qu'il doit être fatigué (3 : 2-14), mais en fait c'est aussi parce qu'il se sent bien avec ses amis de Philippes, et qu'il ne se résout pas à les quitter. Il les appelle sa joie et sa couronne (*Phil.* 4 : 1), leur prodigue de nouveaux encouragements (*Phil.* 4 : 4-9) comme s'il se parlait à lui-même, et en vient à un sujet qu'il semblait avoir du mal à aborder, et qui était pourtant sans doute la vraie raison de leur écrire : leur dire merci, pour toute l'aide financière apportée, ce qu'il fera avec délicatesse et dignité, non sans circonlocutions qui laisseraient entendre que des secours seraient toujours les bienvenus :

> *« J'ai éprouvé une grande joie dans le Seigneur de ce que vous avez pu enfin renouveler l'expression de vos sentiments pour moi (vous y pensiez bien mais c'est que l'occasion vous manquait). Ce n'est pas en vue de mes besoins que je dis cela, car j'ai appris à être content de l'état où je me trouve. Je sais vivre dans l'humiliation, et je sais vivre dans l'abondance. En tout et partout j'ai appris à être rassasié et à être dans la disette. Je puis tout par celui qui me fortifie. »*

Finalement, il dira aux Philippiens qu'il n'a vraiment qu'eux, sur qui compter ; mais sans insister. Viennent ensuite les salutations à ses amis de toujours, et il leur transmet celles des frères de Rome, qui ne sont probablement pas les seuls Timothée et Epaphrodite. S'est-il laissé aller à quelque aigreur envers tous les autres au cours de sa lettre ? On l'a dit : il devait être à bout de lassitude, physique et morale. Mais maintenant, on oublie tout, et il transmet les salutations de ceux qu'il appelle les « saints ». C'est là qu'on apprend que l'Evangile avait été porté jusque dans le proche entourage de l'Empereur :

> *« Tous les saints vous saluent, et principalement ceux de la maison de César. »* (Phil. 4 : 22.)

Le lion d'Amphipolis, tel que Paul a pu le voir. Epoque hellénistique.
(Photographie de l'auteur.)

AMPHIPOLIS

Il faut dire que Luc, vraiment, ne gâte pas son lecteur en explications. Il se contente de noter, simplement :

> « *Paul et Silas passèrent par Amphipolis et Apollonie, et ils arrivèrent à Thessalonique.* » *(Actes* 17 : 1.)

Encore heureux que l'on connaisse leur itinéraire. Ne vont-ils pas s'arrêter à Amphipolis, qui est encore une cité importante malgré son déclin, un chef-lieu de district ? Sans doute ce n'est plus les gloires de Thucydide ni les richesses du Pangée, mais quand même la capitale administrative d'une des quatre colonnies qui constituaient la Macédoine romaine.

La cité a aujourd'hui pratiquement disparu. Le village de la moderne Amphipolis s'est reconstruit un peu plus loin, sur l'autre rive. Dans un virage de la route, à la sortie, quand on vient de Kavala, de ce pont moderne construit en aval de l'ancien pont de la voie Egnatia, le lion majestueux, toujours semblable à lui-même, paraît garder encore l'estuaire de Strymon. Paul a dû passer devant.

L'ancienne ville, construite en 436 par les Athéniens, tirait sa première prospérité des réserves de bois que représentent les montagnes à l'entour : c'est elle notamment qui assurait à Athènes son approvisionnement en bois. Mais la cité devait surtout son importance à sa position stratégique, à l'embouchure du fleuve, pour protéger et exploiter les réserves d'or du mont Pangée, objet de toutes les convoitises : ainsi en 423 le général-écrivain Thucydide, depuis le port d'Eon[1] avait déjà dû repousser un débarquement spartiate. Plus tard, Olynthe, la Macédoine de Philippe II, finalement Rome, disputèrent à Athènes le contrôle d'Amphipolis.

Paul ne fit-il vraiment que passer, comme le laisse supposer le récit de Luc, ou commença-t-il de premiers contacts missionnaires ? L'évangélisation de ce pays semble avoir été très ancienne, et liée de très près à la venue de Paul ou de ses amis, soit lors de ce premier passage soit en d'autres circonstances que semble évoquer *Actes* 20 : 1-2.

On est en effet étonné de découvrir sur la colline dominant le village actuel d'Amphipolis, des vestiges fort bien conservés de basiliques paléochrétiennes, dont le nombre, la disposition, l'importance étonnent (une demi douzaine actuellement mises au jour) autant d'ailleurs que l'architecture, encore très proche des temples hellénistiques, avec chapiteaux, simplifiés c'est vrai, et colonnades de marbre blanc.

Pour les découvrir, il faut prendre, environ 500 m. avant le pont, en venant de Kavala, la route qui monte à droite vers le nouveau village d'Amphipolis et une fois au milieu du village, à gauche, en direction de la petite église : un chemin carrossable monte jusqu'au sommet de cette petite colline qui domine le Strymon. Il faut bien regarder avant de se rendre compte qu'on est sur l'emplacement même.

---

1. Egalement aujourd'hui disparu : on se perd à la recherche sur des plages de graviers sur la rive gauche de l'estuaire. L'endroit correspond à peu près à ces ruines d'un château byzantin.

AMPHIPOLIS

Une des basiliques paléochrétiennes d'Amphipolis. On remarque les chapiteaux, ni doriques ni corinthiens, mais inspirés d'eux, très stylisés. Dans le fond, le mont Pangée, célèbre par ses mines d'or. (Photographie de l'auteur.)

APOLLONIE

D'Apollonie, ou Apolonie, à une cinquantaine de kilomètres d'Amphipolis, au sud du lac Volvi : il ne reste rien aujourd'hui. C'est, à perte de vue la campagne macédonienne.

THESSALONIQUE

Le récit

Neuf versets sont consacrés à ce qui fut le premier séjour de saint Paul à Thessalonique :

« *Ils arrivèrent à Thessalonique, où se trouvait une synagogue des juifs. Selon son habitude, Paul y entra. Pendant trois sabbats, il discuta avec eux, d'après les Ecritures, cherchant les textes et établissant que le Christ devait souffrir et ressusciter des morts. "Et c'est lui qui est le Christ, ce Jésus que je vous annonce"... Quelques-uns d'entre eux furent persuadés et se joignirent à Paul et à Silas, ainsi qu'un bon nombre de grecs craignant Dieu et des femmes, et pas en petit nombre. Mais les juifs furent jaloux : ils prirent des gens de la rue, des gens de rien, interpellèrent les passants et firent de l'agitation dans la ville. Ils se portèrent à la maison de Jason et les cherchaient pour les amener devant l'assemblée du peuple. Ne les ayant pas trouvés, ils entraînèrent Jason et quelques frères devant les politarques en criant : "Ces gens qui ont bouleversé le monde sont aussi venus ici, et Jason les a reçus. Ils agissent contre les édits de César, disant qu'il existe un autre roi, Jésus." Ce fut l'émotion dans la foule et chez les politarques quand on entendit cela, et ce n'est qu'après avoir reçu de Jason et des autres une forte caution qu'ils le laissèrent aller.* » (Actes 17 : 1-9.)

Le site

Toujours semblable à elle-même, Thessalonique est restée cette ville radieuse, splendide, cosmopolite, un grand port international, un des mieux abrités de la mer Egée, où vont et viennent chaque jour des foules d'étrangers.

Adossée au mont Hortiati (par-delà c'est la Bulgarie, la Yougoslavie, toute l'Europe centrale), s'ouvrant sur le golfe Thermaïque, Thessalonique-Salonique est beaucoup plus une cité internationale, qu'elle fut toujours, que la deuxième ville grecque, qu'elle n'est que depuis 1913. Capitale de la Macédoine, dont elle retrouve les gloires, elle est à la fois une cité commerçante (une foire annuelle en septembre attire toute l'Europe) et une ville d'art, aux multiples églises byzantines. S'étageant depuis la mer en gradins réguliers entrecoupés d'innombrables artères, ombragés de parcs et de jardins, elle s'arrête net au bord du golfe, que borde un boulevard maritime, où les vagues viennent éclabousser les passants, quand souffle le vent du sud. A une extrémité de ce boulevard, aujourd'hui entourée de parterres fleuris, veille la tour Blanche, souvenir oublié des cruautés turques (massacre des janissaires au XVIIIe siècle). Là, c'est la ville basse, construite en damier, avec ses maisons de style 1920, toutes pareilles. Les rues se ressemblent. En arrière, par-delà la rue Cassandre, commence la vieille ville orientale, aux rues tortueuses, étroites, une sorte de Plaka, où l'on ne retrouve quand même pas l'ambiance de celle d'Athènes.

Historique

C'est sur l'antique Thermé que la ville fut en grande partie construite, en 316-315, par Cassandre, qui l'appela

Thessalonique en l'honneur de sa femme, sœur d'Alexandre. Son port lui faisait sa prospérité : les Romains l'accrurent en la conquérant en 168 et en y faisant passer la voie Egnatia. En 146, Thessalonique est la métropole de la province romaine de Macédoine. Cicéron y vint en exil (58) ; l'empereur Galère s'y installa vers 300 ; Théodore y publia en 380 le fameux édit qui rendait officiel le symbole de Nicée. Dès le temps de Justinien, Thessalonique est une ville importante, et elle eut à souffrir des ambitions des Goths (VIe) des Slaves (VIIe) des Sarrasins (Xe) et des Normands (XIIe). Elle devint au XIIIe siècle, après la quatrième croisade, la capitale d'un état latin, avant d'être récupérée tour à tour par Byzance, Gênes (XIII-XIVe), Venise (XIVe) avant d'être occupée par les Turcs, à partir de 1430. Elle avait bénéficié au XVe siècle, par le fait de l'intolérance religieuse des rois d'Espagne, de l'immigration d'environ 20 000 juifs chassés par l'édit de l'Alhambra, qui venaient rejoindre la solide petite communauté israélite déjà implantée. Ils inventèrent une langue, que l'on entend encore parfois dans les rues, où se mêlent l'espagnol, le grec et l'hébreu, le *ladino*. Ils firent la prospérité de la ville, commerçant notamment avec les Vénitiens, jusqu'au déclin de Venise à la fin du XVIIe siècle.

Cette cité, profondément indépendante, a l'étrange destin d'être continuellement le théâtre d'atrocités : de la part des Turcs, depuis le XVIIIe siècle, du tristement célèbre Sultan rouge au début du XXe siècle. En 1908, ce fut un soulèvement populaire qui devait encore aboutir dans le sang à l'indépendance de la cité, envahie par les troupes grecques en 1912 lors de la guerre des Balkans. Par le traité de Bucarest, la ville fut acquise au royaume de Grèce. En partie détruite par un incendie en 1917, elle devait perdre la presque totalité de sa population israélite du fait de la barbarie nazie.

Thessalonique, qui a donc toujours joui d'un statut à

part, par rapport aux pays qui l'entourent, était à l'époque de Paul une ville libre, privilège qui lui avait été accordé à la suite de la bataille de Philippes, en reconnaissance des vainqueurs pour la vague neutralité qu'elle avait eue au moment des événements. Devenue capitale d'une des quatre régions administratives de la province de Macédoine, elle était donc gouvernée, à la différence de Philippes, par des magistrats portant le nom de politarques[1] et par une assemblée populaire.

Le souvenir de Paul

Le souvenir de Paul n'est pas particulièrement populaire à Thessalonique. Personne n'est vraiment à même de renseigner. On connaît mieux saint Dénétrios et saint Georges.

1. *La rue Saint-Paul.* C'est tout juste si on sait l'existence de la petite rue Saint-Paul, au tracé d'ailleurs incertain, comme si elle avait dû pâtir des réaménagements successifs des vieux quartiers. Peu de cartes la signalent.

Il faut dire que les habitants de Thessalonique, habitués à la disposition en damier des rues de la ville basse moderne, ont quelque mal à suivre les sinuosités de leur Plaka. Et chacun sait que les informations municipales, en Grèce, sont loin d'être excessives. Pourtant elle est là, cette rue, étroite et capricieuse, ce qui est, dans cette ville plusieurs fois reconstruite, la preuve d'une grande ancienneté. Elle part de la Rotonde de saint Georges et monte, mal pavée, en direction de la Tour de Michel VIII

---

1. Les détracteurs du Livre des *Actes* faisaient état de ce mot qu'ils prétendaient forgé de toutes pièces. Or le mot a été retrouvé dans une inscription grecque de Thessalonique, et dans les Papyrus d'Oxyrynchus (voir MOULTON et MILLIGAN, *Vocabulary of the N.T.,* ad locum).

Paléologue, traversant à angle droit les grands axes que sont la rue Saint-Démétrios et la rue Cassandre, contournant par l'ouest l'hôpital municipal. On y voit encore des tisserands, vers les n°s 5-7, qui travaillent avec des machines perfectionnées, et vous regardent, étonnés, quand vous leur demandez s'ils se souviennent de leur saint patron.

2. *Le monastère des Vlattades.* Quand on arrive au pied des vieux murs et de la tour crénelée de Michel VIII Paléologue, une petite place, donnant sur une cour entourée d'un péristyle en béton trop moderne : c'est le petit sanctuaire des Vlattades, construit à l'endroit même où l'on affirme que Paul a prêché.

C'est une vieille bâtisse de date incertaine, qui comprend aujourd'hui la petite église de la Transfiguration, dont les fresques, à droite du chœur, sont datées du XIVe siècle. Le monastère lui-même est antérieur, et on le dit fondé sur une plus ancienne chapelle par des Crétois, les frères Vlatta, au début du XIIIe siècle. L'endroit est aussi connu sous le nom du monastère du Chaouch : on raconte qu'au moment de l'invasion turque en 1430, les moines qui se trouvaient là, donc à proximité des murs de la ville, étaient entrés en contact avec l'ennemi pour lui indiquer en échange de leur vie et de la sauvegarde du monastère, la manière de réduire la ville à merci en coupant les canalisations qui amenaient l'eau du mont Hortiati. La ville se rendit, le monastère et les moines furent épargnés, mais la colère des Thessaloniciens fut telle que les Turcs, qui tinrent parole, durent assurer la protection des moines en installant un poste de garde.

L'entrée de la cour donnant sur l'arrière du bâtiment et sur le petit cimetière, il faut donc contourner le tout pour découvrir la porte d'accès : une fontaine, peinte en rouge, retient une prière gravée, provenant de la basilique Sainte-Sophie, en ville, avec cette inscription qui se lit aussi bien de gauche à droite que de droite à gauche (ou à peu près) :

ΝΙΨΟΝ ΑΝΟΜΗΜΑΤΑ ΜΗ ΜΟΝΟΝ ΟΨΙΝ.
« *Lave tes péchés, pas seulement ton visage.* »

Une vieille femme garde jalousement le seuil du sanctuaire, qu'elle balaie sans cesse comme pour le purifier des touristes. Si vous arrivez à la convaincre de vous laisser entrer, moyennant quelque obole pour les pauvres, elle vous montrera l'endroit où Paul se tenait pour prêcher.

On imagine peut-être l'apôtre mal à l'aise, lui qui aimait les vastes espaces et la liberté de ses mouvements quand il parlait en public : c'est un coin étroit, derrière le chœur, dans la plus vieille partie du sanctuaire (angle sud-est) qu'on maintient dans une obscurité sacrée, comme pour le dérober aux regards et aux photographies. En fait, rien là d'extraordinaire : c'est un peu comme une grotte, aux murs peints en sombre, avec un dallage en mosaïque, d'assez bonne façon.

3. *Un lieu de prédication en plein air.* A quelques centaines de mètres de là, dans une courbe de la rue Saint-Paul, toujours derrière l'hôpital municipal Saint-Démétrios, un terrain en pente, mal délimité, couvert d'oliviers, paraît davantage avoir convenu aux grandes prédications pauliniennes, celles qui eurent lieu sans doute lors des voyages suivants : encore que, déjà dans notre texte, on note que lors du premier passage de Paul à Thessalonique, il avait une « multitude » d'auditeurs (*Actes* 17 : 4). De là une large vue sur Thessalonique et sa baie. Un avant-goût de l'Aréopage athénien. Rien ne signale l'endroit à l'attention, sinon, au moment où la rue Saint-Paul décrit sa courbe, les lettres en néon d'une « Pizzeria Paulou ».

Thessalonique. Monastère des Vlattades. C'est à droite, à l'intérieur, que l'apôtre Paul aurait prêché. (Photographie de l'auteur.)

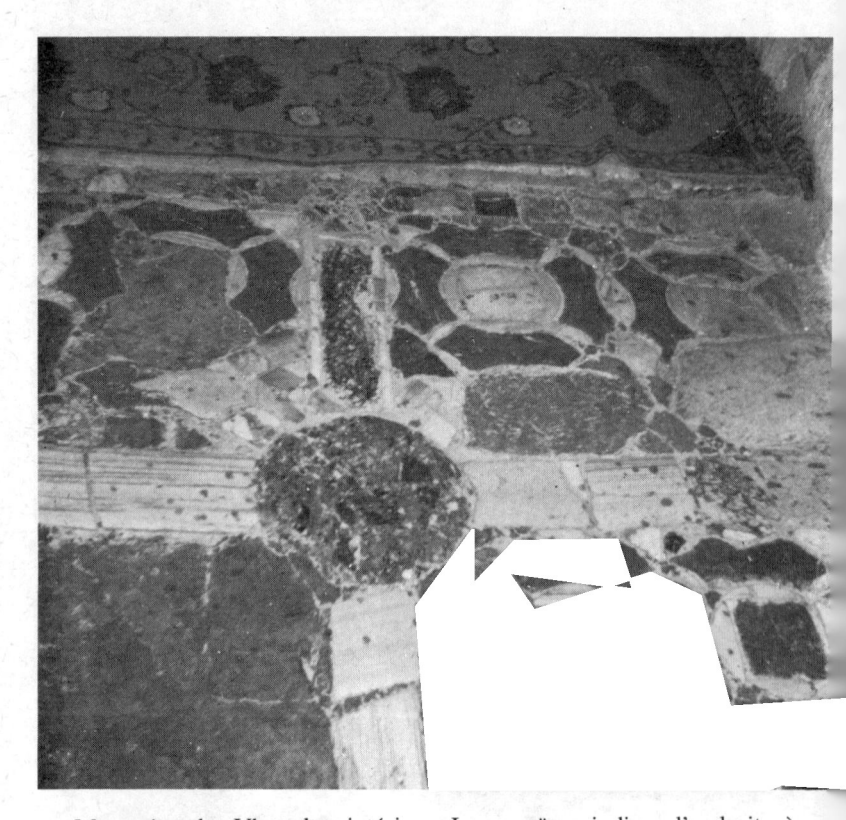

Monastère des Vlattades, intérieur. La mosaïque indique l'endroit où saint Paul se serait tenu. (Photographie Michel Grisier.)

Un lieu de prédication en plein air, parmi les oliviers, au pied des murailles de Thessalonique, rue Saint-Paul. (Photographie de l'auteur.)

Le petit sanctuaire de saint Paul, rue Saint-Paul. Selon une tradition, c'est dans cette grotte que saint Paul se serait caché lorsqu'il dut quitter précipitamment Thessalonique (Actes 17 : 10). La source, qu'on voit ici, aurait jailli de ses larmes. (Photographie de l'auteur.)

La fontaine, en contre-bas du sanctuaire Saint-Paul. (Photographie de l'auteur.)

4. *Un sanctuaire de Paul.* On découvre juste là, dans le tournant, l'entrée d'un petit sanctuaire de Paul, et deux églises : l'une ancienne, branlante, fermée, à l'extérieur du virage, et de l'autre côté de la rue, une construction plus moderne, où les chrétiens orthodoxes se réunissent. Une

légende, rapportée par Meinardus[2], raconte que la première chapelle, construite par les Grecs au XIXe siècle, se trouvant trop petite pour la communauté, saint Paul apparu en songe à une des autorités municipales pour lui demander de construire la nouvelle église.

Quant au sanctuaire lui-même, c'est un lieu ouvert avec une grotte contenant des images pieuses, et une gravure, dans le goût des écoles bibliques américaines, représentant l'appel du macédonien. C'est là que Paul se serait caché au moment où il dut quitter précipitamment Thessalonique : une source sacrée aurait jailli de ses larmes, et une vieille femme vient vous la montrer, en tournant l'un des trois robinets qui se trouvent là.

C'est dans doute une résurgence de cette source qu'on a voulu représenter par cette étrange fontaine plus bas, comme envahie de calvaire.

Des cérémonies commémoratives ont lieu chaque année.

A noter que c'est peut-être à proximité que se trouvait la maison de Jason, ou plus près du monastère des Vlattades. Elle est évidemment introuvable aujourd'hui.

5. *L'ancienne synagogue.* Richard Prococke et Conybeare font état, l'un au XVIIIe siècle, l'autre au XIXe, d'une tradition locale selon laquelle Paul aurait prêché à l'endroit où se trouve actuellement l'église de Saint-Démétrios, rue Cassandre, reconstruite après l'incendie de 1917. C'était, à l'époque de ces deux voyageurs, une mosquée d'une grande beauté, elle-même reconstruite au VIIe siècle sur l'emplacement d'un ancien lieu de culte qui aurait pu être, lui, la synagogue. On sait que la crypte où l'on situe l'assassinat de saint Démétrios en 303 était depuis l'antiquité, de plain-pied avec la rue, un bain romain, ainsi qu'en témoignent les adductions d'eau mises au jour.

---

1. O. MEINARDUS, *St Paul in Greece,* p. 31.

Mais il paraît beaucoup plus vraisemblable de rapprocher le lieu de la prédication paulinienne, pendant les trois sabbats dont fait mention *Actes* 17 : 2, de l'actuelle agora, découverte récemment en plein cœur de la cité, entre la rue Egnatia et la rue Philippe.

Les excavations ont mis au jour un théâtre, fort bien conservé, un portique et une galerie marchande, toutes constructions du Ier siècle. C'était là le centre des activités publiques, et tout porte à croire que les juifs, qui sont bien écoutés des autorités et semblent tenir en main le commerce de la ville, avaient leur synagogue à proximité. Or voici que Meinardus fait état en 1972 de la découverte alors récente, près de l'église N.-D. des Chaudronniers (*Panaghia Chalkeon*) d'une stèle contenant le texte en hébreu et en grec de la bénédiction d'Aaron (*Nombres* 6 : 22-26). L'inscription fait mention ensuite d'un certain Sirikios de Samarie : ce qui indiquerait que cette stèle du Ve siècle de notre ère semble avoir appartenu à un lieu de culte samaritain, reconstruit et aménagé sur l'ancienne synagogue.

Tout porte donc à croire que la synagogue où Paul prêcha trois sabbats de suite se trouvait à proximité du centre ville, sur l'emplacement où a été reconstruite vers le Xe siècle, à l'époque byzantine, cette charmante petite église Notre-Dame des Chaudronniers.

Combien de temps Paul a-t-il été à Thessalonique ?

La multiplicité des lieux où Paul aurait prêché (on montre encore à l'église Sainte-Sophie une pierre où l'on prétend qu'il se tenait) fait que l'on se pose des questions sur la durée de son séjour, et quant au public qu'il rencontra là : certains lieux ne pouvaient recevoir qu'une dizaine de personnes, d'autres des foules. En ce qui

Thessalonique : l'église N.-D. des Chaudronniers (Panaghia Chalceon) reconstruite à l'époque byzantine sur les lieux probablement de l'ancienne synagogue où Paul prêcha (*Actes* 17 : 2) à proximité de l'ancienne agora. Ci-dessous, la galerie marchande, récemment mise au jour, rue Philippe. Dans le fond, le théâtre, en parfait état de conservation. (Photographies de l'auteur.)

concerne le séjour lui-même, tout un faisceau d'indices invite à considérer que Paul est resté là plus longtemps que trois semaines.

1. D'abord dans le texte des Actes, s'il est indiqué que Paul a argumenté dans la synagogue trois sabbats durant, rien ne laisse au fond limiter le premier séjour de Paul à trois semaines. Les événements décrits en *Actes* 17 : 4-9 viennent ensuite, sans que leur durée soit supposée.

2. D'autre part, s'il est précisé qu'une « multitude » de Grecs crurent, et « beaucoup » de femmes de qualité, cela suppose de la part de l'apôtre une longue assiduité.

3. Les informations contenues dans les Epîtres aux Thessaloniciens vont dans le même sens. Les relations d'affection qui lient l'apôtre aux nouveaux convertis sont assez profondes pour n'être pas de celles qui se créent en quelques jours. D'autre part il a laissé sous la responsabilité de Timothée, une église organisée, avec ses anciens, ses responsables, et qui fonctionne déjà comme une communauté chrétienne. Elle paraît être déjà parvenue à un degré avancé de connaissances théologiques qui ne s'acquièrent pas en quelques jours, surtout collectivement, d'autant plus qu'il ne s'agit pas de juifs, déjà versés dans la connaissance des Ecritures, mais de « gentils ».

4. Paul a exercé à Thessalonique son métier de faiseur de tentes, afin de pourvoir à ses besoins matériels et à ceux de ses compagnons (2 *Thess.* 3 : 8-11). Là encore le délai de trois semaines serait trop court.

5. Enfin une indication contenue en *Phil.* 4 : 16 montre qu'à deux reprises, Paul a reçu des secours matériels de la part des chrétiens de Philippes. Ce qui veut dire qu'à 160 km de là, on savait où il était, et qu'il rencontrait des difficultés : il faut supposer un échange de nouvelles, qui auraient révélé aux Philippiens (à Luc ?) qu'une première aide n'avait pas suffi.

La période de trois semaines mentionnée en *Actes* 17 : 2 ne peut donc concerner que le premier temps de son séjour à Thessalonique, qui fut consacré aux discussions avec les juifs. L'ensemble du séjour peut être facilement estimé de plusieurs mois.

D'autre part, Paul revint plusieurs fois à Thessalonique : d'autres séjours sont évoqués en *Actes* 20 : 1 et *Actes* 20 : 4. Les Epîtres aussi, aux Thessaloniciens, aux Philippiens, mais aussi aux Corinthiens (par exemple 2 *Cor* 7 : 5) sont les témoins de passages successifs.

Si bien que les divers lieux de sa prédication, où il s'adressait à des publics variés, allant du petit groupe qui pouvait l'écouter au monastère des Vlattades aux grandes foules des oliveraies de la rue Saint-Paul, peuvent être tous authentiques.

Le sujet de sa prédication

Si l'on tient compte du sujet abordé dans les Epîtres aux Thessaloniciens, d'une part, d'autre part de l'accusation portée contre lui en *Actes* 17 : 7, la prédication de Paul portait sur le royaume de Dieu et son avènement. C'est d'ailleurs de ce côté là que les juifs trouvèrent matière à l'accuser efficacement : « ils agissent contre les édits de César, disant qu'il y a un autre roi, Jésus » (*Actes* 17 : 7-8). C'est ce sujet de prédication, que l'on comprit comme une intervention politique, qui devait provoquer le départ précipité de Paul.

Il faut dire que les adversaires du christianisme ont toujours agi avec adresse, recourant à de faux témoignages qui de fait ne sont faux que par l'interprétation qu'on en donne. Les faux témoins du procès de Jésus répètent des paroles qu'il a vraiment prononcées : « Nous l'avons entendu dire qu'il détruirait le temple ». La vérité interprétée, devient une machine de guerre. Ici, des gens de rien, recrutés par la foule, vont émouvoir le peuple : en parlant d'un autre roi, dont il proclame la venue, dont il décrit le royaume, Paul ne se rendait peut-être même pas compte qu'on aurait vite fait de lui un agitateur venu destabiliser le régime. Jason devient du même coup complice de malfaiteurs, qu'il a reçus et cachés, ce qui prouve assez qu'il est acquis de l'intérieur aux idées subversives[2]. Et Thessalonique ne doit pas oublier qu'elle ne peut pas prendre de risque de ce côté-là avec Rome, étant donné qu'elle jouit d'un régime de faveur, et que les troupes impériales sont à quelques heures de marche.

L'affaire ainsi présentée prend de l'ampleur : si toute la ville en parle, les politarques ne peuvent rester indifférents. D'autant plus qu'elle s'inscrit dans un contexte de grande incertitude politique. Les abus du régime, la faiblesse ou la folie des empereurs, les intrigues des femmes, comme Messaline et Agrippine, avaient fait se répandre dans le monde romain la crainte que les dieux ne finissent par intervenir pour tirer vengeance des excès et de l'infamie des hommes, ou tout simplement pour y mettre un terme. Prédicateurs stoïciens et philosophes ambulants ne se gênaient pas pour développer ce thème, Sénèque le premier[3]. On discernait partout mirages, prémonitions, avertissements divins. L'Empire ne venait-il pas de connaître plusieurs famines ? On voit ce que pouvait donner la prédication du royaume à venir dans ce contexte d'instabilité économique, politique et sociale, et dans cette ambiance de fin du monde. On voit surtout l'inévitable réaction, pour peu qu'elle soit un peu orchestrée, de la part des autorités municipales qui n'ont pas intérêt à se brouiller avec la République.

2. Voir sur ce point A. N. SHERWIN-WHITE, *Roman Society and Roman Law in the N. T.*, Oxford, 1963.
3. Sur les grands thèmes des moralistes de l'époque, voir A. OLTRAMARE, *Les Origines de la Diatribe romaine*, Genève 1926.

Paul se doute-il qu'il est tombé dans un piège ? Est-ce lui qui aurait délibérément choisi le thème de sa prédication, inutilement provocante, ou plutôt ne serait-ce pas quelques auditeurs habiles et mal intentionnés qui auraient orienté l'interprétation dans cette direction-là ? Tout nous laisse voir un Paul surpris par les conclusions tirées de ses propos, jusque plus tard dans ses Epîtres aux Thessaloniciens, puisqu'il devra écrire la deuxième pour corriger ce qu'on a cru qu'il avait dit dans la première. N'oublions pas que Paul, quand il arrive à Thessalonique a encore mal des coups qu'il a reçus à Philippes, pour de tout autres raisons. Outre que les problèmes de politique lui échappent : il a assez des soucis que lui donnent les églises. Et puis, il vient d'Orient, où le contexte est quand même très différent, et différente aussi l'attitude de Rome. Tout porte à croire qu'il fait d'un coup le dur apprentissage de problèmes qui sont pour lui d'un tout autre monde.

Comme il n'est plus d'aucun intérêt, ni pour lui ni pour la communauté naissante, qu'il demeure plus longtemps à Thessalonique, les frères prennent l'initiative, d'autorité, de le faire partir clandestinement de Thessalonique (*Actes* 17 : 10).

Les deux Epîtres aux Thessaloniciens

Ces deux lettres rappellent un des temps forts de la prédication paulinienne, essentiellement orientée à Thessalonique, avec ou sans intention, vers l'avènement d'un nouveau royaume. Une fois dissipée la première émotion, les accusations d'intervention politique, et de menées subversives, Paul revient sur le sujet, pour dissiper les équivoques sans doute, mais aussi pour répondre à des questions posées par les chrétiens de Thessalonique.

Il faut aussi tenir compte du contexte où est Paul quand il

écrit aux Thessaloniciens : l'opposition s'est peut-être tue à Thessalonique, encore que la communauté chrétienne semble avoir été l'objet de persécutions, dont on craint le retour (1 *Thess.* 1 : 6 et 3 : 3-4). Mais surtout Paul écrit depuis Corinthe, où il vient de marquer des points contre les juifs, grâce à Gallion dont la sérénité prouve bien à Paul, d'abord la véritable attitude de Rome, et surtout, au cas où lui-même douterait encore de la clarté de ses propos, que ce qu'il dit, foi de romain, un gouverneur aussi proche de la famille impériale que l'est Gallion, et aussi proche de la pensée de l'Empereur, à aucun moment n'aurait l'idée de lui donner des interprétations politiques. Ce n'est que par un montage habile qu'on a pu l'accuser ; c'est une machination insidieusement mise en place par des juifs qui ont su tirer parti de la peur des autorités municipales. Il n'y a que les petits qui craignent, les gens trop vite venus au pouvoir, les pleutres qui ne vivent que par ce qu'on pensent d'eux, tous les Flaminius de l'Histoire. Ah ! si seulement Gallion avait gouverné Thessalonique....

Paul est donc en position de force, et s'il refute au passage les calomnies, il n'insistera pas : il écrit surtout pour renforcer les liens d'affection qui le retiennent à ses frères de Thessalonique ; il leur dit surtout qu'il se languit de les revoir, en des termes touchants d'affection. Répond-il à des messages d'affection transmis par Timothée et Silas, peut-être à des reproches d'abandon ? Sans doute.

Dans la première épître, après avoir pleinement associé Silas (qu'il appelle Sylvain) et Timothée à son action missionnaire (comme pour atténuer par avance les plaintes affectueuses de ses amis thessaloniciens qui lui ont reproché de ne pas venir en personne ; 1 *Thess.* 2 : 17 à 3 : 5), il passe à un long développement autobiographique, comme pour montrer qu'il n'est point ingrat, qu'il est vraiment empêché, et il en profite pour redire son affection, indissoluble : « Nous étions prêts à vous donner non seulement l'évangile de Dieu, mais notre propre vie, tant vous étiez chers à notre cœur » (1 *Thess*. 2 : 8). Ils lui sont bien toujours présents : « Nous rendons grâces à Dieu continuellement pour vous » (1 *Thess*. 1 : 2 ; 3 : 10).

Peut-être les flattent-ils un peu, encore qu'il s'en défend (1 *Thess*. 2 : 5) mais c'est aussi pour leur donner une plus haute idée d'eux-mêmes : « Nous nous rappelons le *travail* de votre foi... l'*œuvre* de votre amour... la *fermeté* de votre espérance » (1 *Thess*. I : 2, 1 *Thess*. 3 : 8 : les mots sont forts). L'Evangile leur a été prêché avec *puissance* ; ils sont devenus des modèles aux croyants de toute la Grèce, de la Macédoine à l'Achaïe (v. 7), on parle partout de leur conversion (v. 8-10).

Puis vient toute une partie (1 *Thess*. 2 : 1-3 : 13) où se lit la touchante tendresse de l'apôtre pour ses enfants spirituels : il aurait pu être énergique, autoritaire, ses titres le lui permettant (d'autres n'auraient-ils pas abusé ?) ; il a préféré agir avec douceur (1 *Thess*. 1 : 7), avec affection (1 *Thess*. 1 : 8), comme une nourrice (1 *Thess*. 1 : 7) comme un père (1 *Thess*. 1 : 11) ; ainsi quand il est loin d'eux, il ne se sent pas séparé de cœur (1 *Thess*. 2 : 17), impatient qu'il est de les revoir (1 *Thess*. 3 : 1, 5, 6) reprenant vie quand il entend parler d'eux (1 *Thess*. 3 : 7-8). Pour qu'ils se revoient, il faut que ce soit le diable qui les en empêche (1 *Thess*. 2 : 18), Dieu lui-même qui le leur permette (1 *Thess*. 3 : 10).

Pour qu'il insiste ainsi, n'est-ce pas que certains auraient déformé ses intentions (1 *Thess*. 2 : 3), l'accusant de visées personnelles, d'intérêts (1 *Thess*. 11 : 5), prétendant qu'il les oublie dès qu'il a le dos tourné (1 *Thess*. 2 : 17), et qu'il se contente de leur expédier un subalterne (1 *Thess*. 3 : 1-2) ? Paul va répondre en situant ses correspondants un peu au-dessus de ce qu'ils sont et de ce qu'ils méritent (c'est visible en 1 *Thess.* 1 : 3 qui devrait rendre inutile la prière de 1 *Thess.* 3 : 12-13) pour qu'ils deviennent dignes de l'image que Paul se fait d'eux. « Faites comme moi, leur dit-il ailleurs, devenez mes imitateurs » (1 *Thess.* 1 : 6 ; 2 : 13-14).

Au passage, Paul, qui ne dénie point leurs souffrances, leur donne une signification : c'est par elles que les chrétiens de Thessalonique vont conquérir leurs lettres de noblesse, leur pleine appartenance au peuple de Dieu.

> *« Car vous, frères, vous êtes devenus les imitateurs des Eglises de Dieu qui sont en Jésus-Christ dans la Judée, parce que vous avez souffert de la part de vos propres compatriotes les mêmes maux qu'elles ont souffert, elles, de la part des juifs* (1 *Thess.* 2 : 14).

Après un long passage d'effusion, qui va occuper plus de la moitié de la lettre, Paul rappelle à ses correspondants les instructions qu'il leur avait données de la part du Seigneur (1 *Thess.* 4 : 2). Elles sont à la fois générales (ce que Dieu veut, c'est votre sanctification » 1 *Thess.* 4 : 2) et pratiques : la pureté morale (et sexuelle) v. 3-4 ; l'honnêteté dans les affaires (v. 6) ; il les exhorte à rechercher encore davantage l'amour fraternel (v. 9-10) et l'indépendance (v. 11-12).

Il en vient ensuite à des considérations sur la venue du royaume de Dieu (1 *Thess.* 4 : 15-18), qu'il annonce avec solennité, en prenant un prétexte très humain, des tristesses et des deuils (v. 13). C'est à la venue de ce royaume-là, dont il répète avec force la certitude, qu'il convie l'espérance des chrétiens (v. 13). Il en profite au passage pour affirmer une nouvelle fois avec force la résurrection. S'il en annonce la proximité en laissant entendre que les Thessaloniciens y assisteront de leur vivant (la formule « nous les vivants » de 1 *Thess.* 4 : 15 nécessitera les explications de la deuxième aux Thessaloniciens) c'est aussi pour dire que les chrétiens ne doivent pas rester à scruter les signes, mais être simplement vigilants (1 *Thess.* 5 : 1-11).

L'épître se termine par des exhortations générales, tendant à faciliter le bon fonctionnement administratif de l'église (1 *Thess.* 5 : 12-13), à la fois pour que soit heureuse la vie sociale (1 *Thess.* 5 : 14-15) et plus vive la piété personnelle (1 *Thess.* 5 : 16-22).

Après quelques exhortations finales (noter le très beau verset 23), il insiste pour que sa lettre soit lue à tout le monde (v. 27). Il insiste tellement (« je vous en conjure ») qu'on peut penser qu'il y avait déjà des clans.

C'est bien l'image d'une certaine division que laissa apparaître la deuxième épître. Elle fut écrite peu de temps après. Paul répond à des questions posées depuis. Il est en tout cas informé que ses déclarations en 1 *Thess.* 4 : 15-18 ont créé des tensions. On y entrevoit même la façon dont les ennemis de Paul avaient pu jeter le trouble dans la communauté : ils avaient tout simplement écrit en son nom de faux messages (2 *Thess.* 2 : 2).

Paul, qui est toujours retenu à Corinthe (la deuxième lettre se situe manifestement après la vision de *Actes* 18 : 9-11) n'a pas d'autre recours que de faire un appel au bon sens (2 *Thess.* 2 : 2). On le sent quand même très inquiet.

La lettre commence de la même manière, avec les mêmes signatures (Paul, Silas-Sylvain, et Timothée) et les mêmes encouragements, déguisés en compliments (2 *Thess.* 1 : 3-7) avec, cette fois très vite, l'arrivée du même sujet : l'avènement du royaume, ce qui remettra tout en ordre (v. 8-10). Après une transition, où il assure ses correspondants de ses prières (2 *Thess.* 1 : 11-12), il en vient à son propos :

« *Ne faites pas comme si le jour du Seigneur était déjà là* » (chapitre 2).

Il semble en effet que tirant interprétation des propos de Paul, certains avaient cessé de travailler et commençaient à vivre aux frais de la communauté (2 *Thess.* 3 : 6-12).

Il faut avouer que les informations que Paul donne maintenant sur la venue du royaume sont tellement énigmatiques qu'elles ont rendu perplexes vingt siècles d'exégèse. En fait, il rappelle à mots couverts son enseignement oral (1 *Thess.* 2 : 5) et évoque des circonstances qui nous échappent, dont il semble qu'il ne fait pas bon parler : « *Il faut que d'abord ait lieu l'apostasie et qu'on ait vu paraître l'homme de péché, le fils de la perdition* » (2 *Thess.* 2 : 3), « *l'adversaire* », « *qui s'installe dans le temple de Dieu* », « *se proclamant lui-même Dieu* » (v. 4), « *l'impie* » (v. 8, 9) « *dont l'apparition se fera par la puissance de Satan, avec toutes les séductions de l'impiété* » (*ibid.*) et c'est déjà l'accomplissement du « *mystère du péché* » (v. 7).

Manifestement l'apôtre craint d'en dire trop, peut-être à cause d'éventuelles persécutions (qui, par parenthèse, ne pourraient exister que dans le cadre du gouvernement de Thessalonique). Peut-être est-il impatienté de devoir revenir là-dessus par écrit (ne s'est-il pas bien expliqué oralement?), ou craint-il même quelque manœuvre de ceux qui lui créent des ennuis dans l'église (2 *Thess.* 2 : 2).

On dirait même que Paul est beaucoup plus circonspect que dans la première aux Thessaloniciens, comme si les conditions politiques avaient changé. On sait que Claude fut assassiné en 54. Nous sommes probablement avant, mais l'Empereur avait déjà été menacé plusieurs fois : on connaît, par les *Annales* de Tacite (chap. XIII) les intrigues d'Agrippine et de Néron pour s'emparer du pouvoir. Les allusions de Paul, qui est probablement à ce moment en relations avec Gallion à Corinthe, sinon son ami, visent l'accession au pouvoir d'un nouvel empereur. On perdrait beaucoup sans Claude, qui est plutôt bienveillant, comme en témoigne l'attitude de son proconsul en Achaïe : par Gallion, encore une fois, Paul avait été rassuré quant à la ligne de la politique romaine, vis-à-vis du christianisme naissant. Que serait-ce s'il fallait en revenir à la folie de quelque autre Caligula, qui n'avait point hésité, lui, à se faire appeler dieu (ce que Claude avait refusé aux Alexandrins qui voulaient lui faire cet honneur), et avait même menacé de souiller le temple de Jérusalem ? On sait que ces craintes ne sont point vaines puisque Néron sera pire que Caligula, plus fou et surtout plus provocant, et fera assassiner Claude en octobre 54 pour régner à sa place : lui n'hésitera pas à se faire proclamer Dieu dans tout l'Empire.

Mais ces craintes de l'apôtre ne vont-elles pas au-delà, ne voit-il point l'avenir de manière plus prophétique, comme cet autre visionnaire, celui de l'Apocalypse, puisqu'ils décrivent l'un et l'autre des temps qui vont jusqu'à l'avènement du Seigneur (2 *Thess.* 2 : 8) ? C'est là que les exégètes se partagent, et Paul semble bien les laisser à leurs interprétations, en proposant à ses lecteurs, qui deviennent ceux de tous les temps, la seule attitude digne du chrétien : la prière et la louange (v. 13) et la fermeté spirituelle (v. 15-17).

La lettre, beaucoup plus courte que la première, se termine, au chapitre 3, par des exhortations à la vigilance (v. 3-5), à l'ordre, au travail, à l'honnêteté (v. 6-12), à la générosité, mais aussi à la discipline (v. 13-15). Pour ce qui est du travail, qui seul procure l'indépendance, Paul donne encore son exemple.

Après les salutations, et la bénédiction finale (v. 16), il ajoute une phrase autographe, en insistant bien pour qu'on identifie son écriture, afin de mettre un terme à la circulation de fausses lettres qu'on dirait venir de lui (ne pas oublier 2 *Thess.* 2 : 2).

BÉRÉE

Les événements

Voilà donc, à nouveau, Paul et ses compagnons obligés de s'enfuir comme des mahonnêtes. On croit entendre comme l'écho de l'Epître aux Hébreux : « Ils subirent des moqueries et le fouet, les chaînes et la prison ; ils furent lapidés, torturés..., ils erraient, dénués de tout, persécutés, maltraités eux dont le monde n'était pas digne... » (*Hébr.* 11 : 37-38). Etrange destin quand même. Le texte reste laconique :

« *Aussitôt, les frères firent partir de nuit Paul et Silas pour Bérée.* » (*Actes* 17 : 10 a.)

Laconique, mais rassurant. La mention des frères montre que l'église est organisée. Qu'elle a à sa tête des gens forts, responsables, doués d'initiative, énergiques, acquis sans réserve au christianisme et protecteurs inconditionnels des apôtres. Rassurant aussi parce qu'on voit que les propos de Paul n'ont pas laissés ces frères dans l'équivoque, et qu'ils n'ont point donné dans les accusations tendancieuses portées contre lui, comme s'il s'était livré à des menées politiques.

En fait, Paul est immédiatement quitte de toute poursuite, car dans le contexte juridique de l'époque, chaque cité a ses lois propres, et il n'y a aucune coordination prévue entre les polices municipales. Les fauteurs de troubles peuvent circuler impunément entre les cités tant que la justice fédérale, ici le proconsul ou son légat, n'a pas reçu de plainte ni d'avis de recherche. Ainsi par exemple aujourd'hui des états américains. L'éternel fugitif qu'est saint Paul commence peut-être à comprendre qu'en fait, dans sa prédication, au pire, il ne court pas d'autre risque que celui de l'expulsion. Ce qui est peut-être après tout un élément déterminant de sa démarche, d'autant plus qu'on le trouve souvent de lui-même hésitant sur ce qu'il doit faire (comme ce fut nettement le cas à Corinthe : *Actes* 18 : 9-11) : il paraît ne pas aimer prendre de lui-même des initiatives sur la durée de ses séjours ; alors là, au moins, quand il part, il sait qu'il n'y a rien à faire d'autre.

Il était de toute logique que de Thessalonique, Paul et Silas se rendent à Bérée[1]. D'ailleurs le texte laisse entendre que ce sont les frères qui les ont envoyés là (*Actes* 17 : 10).

Les lieux

Portant le nom de son fondateur, un certain Phérès[1] dont les Macédoniens prononçaient mal la lettre initiale, Bérée était devenu en 168 avant notre ère, avec la *Pax Romanas,* la capitale administrative de la troisième région de

---

1. En fait, Timothée a-t-il été avec Paul à Thessalonique ? On sait qu'il était resté avec Luc à Philippes (voir ci-dessus p. 55 ; *Actes* 16 : 40). Le Livre des Actes ne le mentionne à nouveau qu'à Bérée (17 : 14). L'Epître aux Philippiens (4 : 15-20) signale qu'il y a eu, à deux reprises, des interventions de disciples envoyés par Philippes auprès de Paul durant son séjour à Thessalonique : on lui faisait parvenir des fonds. Timothée fut-il de l'un ou l'autre de ces deux voyages ? L'Epître aux Philippiens ne mentionne qu'Epaphrodite (*Phil.* 4 : 18) mais le fait que Timothée est co-signataire de la lettre (*Phil.* 1 : 1) expliquerait peut-être qu'il n'est pas mentionné.

Macédoine. Romains, macédoniens et juifs vivaient là dans une harmonie laborieuse, à l'écart des troubles de la politique. Il s'y trouvait une importante synagogue, et l'auteur du Livre des Actes, comme par un reste de rancune vis-à-vis de Thessalonique, s'empresse de noter que les juifs d'ici avaient des sentiments plus nobles que ceux de là-bas (*Actes* 17 : 11.)

Il y a presque quatre-vingts kilomètres entre Thessalonique et Bérée. Paul et Silas prirent-ils la voie Egnatia, ou par prudence les chemins de la côte, pour échapper à d'éventuels poursuivants ? Ils franchirent de toute façon le fleuve Axios, et laissant sur la droite l'antique Pella, autrefois capitale de la Macédoine où naquit Alexandre, ils remontèrent les rives de l'Aliakmon, dépassant à douze kilomètres vers le sud, le site archéologique de Verginia (où le professeur Andronicos a fait probablement une des découvertes archéologiques les plus spectaculaires de ces dernières années en mettant au jour ce qui a toutes les chances d'être le tombeau de Philippe II de Macédoine, père d'Alexandre le Grand).

Au nord et à l'ouest, c'est comme une immense barrière naturelle, constituée par les chaînes montagneuses de Yougoslavie et d'Albanie.

Bérée est restée cette petite bourgade heureuse, bâtie sur une colline aux cent mille pêchers. La cité est elle-même entourée de jardins, de vignobles, d'oliveraies. Des sources jaillissent de partout. On vit là loin du monde et de ses vaines agitations, dans un labeur quotidien et tranquille. On y est toujours aussi accueillant à l'étranger. Les rues, les maisons, les inscriptions signalent que la communauté juive y est très ancienne.

Une halte de paix et d'espérance

Cette étape devait être pour saint Paul un moment de paix, et de soulagement, après les dures épreuves de Philippes et de Thessalonique. Le récit l'exprime.

> « *Ces juifs avaient les sentiments plus nobles que ceux de Thessalonique ; ils reçurent la parole avec beaucoup d'empressement, et ils examinaient chaque jour les Ecritures pour savoir si ce qu'on leur disait était exact. Plusieurs d'entre eux crurent, ainsi que beaucoup de femmes de distinction et beaucoup d'hommes.* » *(Actes 17 : 10-12.)*

L'étape de Bérée apparaît comme un temps fort de l'espérance. Le grand bonheur de Paul, et déjà sa récompense, fut sans doute de la part des gens qu'il rencontra à Bérée cet intérêt, ce sérieux, cette ouverture d'esprit, cet accueil du cœur. Le récit de Luc note attentivement ces qualités, qui sont celles de toute une élite intellectuelle, dont on souligne la noblesse :

— d'abord ce « grand empressement » qu'on met à l'écouter (v. 11) ;

— ce souci de vérifier si tout ce qu'ils apprennent est conforme (*ibid.*) ;

— enfin cette intelligence qui repose tellement des idées toutes faites, des sectarismes, des affrontements pour rien.

Sûr que les Béréens sont à considérer comme les fondateurs de l'exégèse moderne : mais ils sont davantage. Comme une grande promesse, offerte à Paul qui en avait bien besoin, que par-delà les doctrines et les théologies, il n'est point entre les juifs et les chrétiens de si grande

Bérée. Le monument de Paul. On distingue les trois marches de marbre où Paul se serait tenu pour prêcher. (Photographies de l'auteur et de Michel Grisier.)

différence qu'une bonne lecture des textes ne puisse surmonter.

Honneur et noblesse aux Béréens. Et reconnaissance.

Sur trois marches de marbre blanc

Quelqu'un a écrit, sur la marche supérieure « Paulos ». Le monument dressé là n'a rien de très beau en soi, ni de très authentique. On prétend que c'est sur ces trois marches que Paul a prêché.

L'Histoire a gardé le souvenir de sa prédication à Bérée : plus, elle rapporte que Sopater se convertit là, dont l'église orthodoxe a fait l'un de ses premiers saints. Le Livre des *Actes* le mentionne comme un des fidèles compagnons de Paul : Sopater de Bérée (*Actes* 20 : 4). Est-ce le Sosipater de *Romains* 16 : 2 ?

Encore et toujours la fuite

Le séjour tourne court, du fait de l'arrivée subite des agitateurs de Thessalonique (*Actes* 17 : 13-14). Une fois de plus, Paul va partir. Cette fois seul. Silas et Timothée resteront sur place, pour organiser l'église. Cette séparation pèsera beaucoup à l'apôtre Paul, et créera probablement en partie les conditions de l'échec d'Athènes.

Pour l'instant, le projet est qu'on se revoie à l'Acropole. Rendez-vous là-bas.

2
L'ACHAÏE

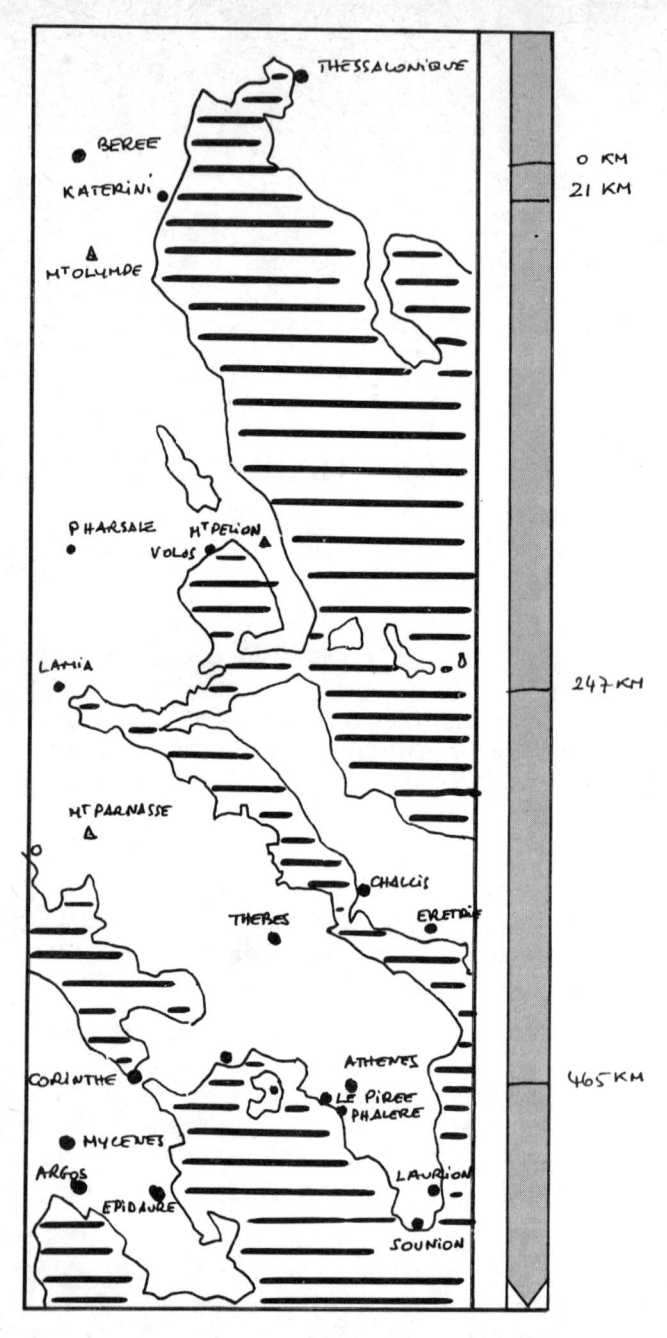

Carte-itinéraire n° 2.

LE VOYAGE VERS ATHÈNES

On s'est demandé si ce voyage vers Athènes eut lieu par terre ou par mer.

Plusieurs raisons nous invitent à penser qu'il eut lieu par mer.

1. D'abord une raison d'ordre général, que nous signalions plus haut[1] : la facilité des voyages par mer, la détente qu'ils représentent, et le moindre coût des traversées à la voile (d'autant plus que s'il faut plusieurs jours, on dort à bord), par opposition à la fatigue, à la lenteur, au prix des voyages à pied, et aux risques de mauvaises rencontres, aux dangers des auberges surtout sur l'itinéraire de Thessalie.

2. Ensuite la mention du Livre des Actes (17 : 14) « Ils firent aussitôt partir Paul du côté de la mer » : sans qu'il soit fait expressément mention d'un embarquement, c'est bien la solution suggérée.

3. Une tradition locale enfin, transmise par l'église orthodoxe de Bérée, rapporte que Paul, en s'enfuyant, se cacha d'abord dans le village de Aeginon, et s'embarqua ensuite au petit port de Katerini. Aujourd'hui, on montre encore un arc, érigé à l'endroit même où il aurait quitté la Macédoine.

---

1. Voir ci-dessus p. 16.

Le bateau de Paul et de ses amis aura donc longé les côtes de Thessalie et passa au large du Mont Olympe.

Vu de la mer, le massif de l'Olympe, culminant à près de trois mille mètres, est plus imposant que tout autre montagne. D'abord, il culmine vraiment, puisqu'on le voit du niveau de la mer, ce qui n'est pas toujours le cas des sommets montagneux, surtout quand on est habitué aux paysages des Alpes. Il est là, tapi, groupé sur lui-même, invisible d'abord au voyageur qui longe la côte de trop près, car il a gardé, du temps où il était le séjour des dieux, ces nuages familiers qui enveloppent ses sommets même en la belle saison, et ne les révèlent que tour à tour. Le vrai sommet, qu'on appelle encore le trône de Zeus, semble avoir gardé l'antique souvenir de ses légendes sacrées, et on se dit, en regardant avec lui l'histoire des hommes, qu'avec un tel paysage, il fallait qu'on invente la légende dorée des dieux inconnus, surtout quand le soleil du soir qui s'enfonce par derrière les massifs montagneux, lui dessine dans les nuées d'irréelles auréoles.

Plus loin, vers le sud, l'Ossa ; plus loin encore, le Pélion, qui gardent l'un et l'autre le souvenir des projets titanesques. C'est aussi avec les pins de ces montagnes que les Argonautes construisirent leurs navires.

Ironie des temps, désacralisation de notre pauvre siècle sans rêve, prolétarisation des lieux sacrés : au pied du mont, dans les pins, un camping Zeus.

*
**

Parvenus au large de la presqu'île du Pélion, deux itinéraires possibles :

— ou bien prendre à droite le golfe de Lamia et

s'engager entre l'Eubée et l'Attique dans l'étroit canal d'Erétrie,

— ou bien contourner l'Eubée par le large, à l'est.

Tout porte à croire que c'était cette deuxième route qu'avait adoptée la navigation de l'époque, un peu plus longue mais plus sûre, si l'on tient compte que le canal d'Erétrie, à peu près à égale distance des Thermopyles au nord et de Marathon au sud, n'est guère favorable à la voile :

— d'abord par ses fameuses pannes de vent (on se souvient du meurtre rituel d'Iphigénie, sacrifiée par son père Agamemnon à la déesse d'Artémis pour obtenir les vents favorables à la flotte grecque bloquée dans la baie d'Aulis : on montre le lieu, où a été élevé le petit temple d'Artémis à Aulis, à quatre kilomètres de Chalkis) ;

— ensuite à cause du fameux phénomène naturel de l'Euripe, véritable énigme de la nature, à propos de quoi une légende raconte qu'Aristote, à ce point déconcerté, préféra se suicider en se jetant dans le canal. Personne n'est jamais parvenu en effet à comprendre la raison de ces courants alternatifs, rapides, qui changent de direction toutes les deux ou trois heures, selon les saisons, entraînant avec force les navires à contre-sens.

*
* *

Le navire doubla le cap Sounion, où se trouvaient autrefois les mines d'argent du Laurium, qui permit à Athènes d'équiper la flotte de Salamine.

C'est de ce promontoire escarpé, avant même qu'y fut

construit le temple de Poséidon[2] que, selon une légende[3], le vieil Egée se précipita, au désespoir de n'avoir point reconnu de voiles blanches au navire de son fils, l'oublieux Thésée tout à la pensée de son Ariane délaissée, quand il rentrait de sa victoire crétoise.

On prétendait qu'aucun marin ne pouvait doubler ce cap dangereux sans chercher les faveurs de l'ombrageux Poséidon, hostile aux navigateurs imprudents : pour l'apaiser une fois pour toutes, on lui construisit ce délicieux petit temple de marbre dont la ruine et les rongeures des siècles ont ennobli la tranquille beauté. Solitaire et vigilant, il semble dominer les vagues incessantes et vaines, et le temps qui le mine, et sans plus de fronton, dressant ses colonnes inutiles dans le dénuement des ciels crépusculaires, présider à l'éternel retour des couchers de soleil.

Les matelots superstitieux épiaient, dit-on, au dernier rayon de la lumière, l'éclair vert de la bienveillance divine, puis s'engageaient dans le golfe Saronique.

C'est vrai que partout dans le monde, à l'île Maurice ou en Papouasie, les matelots épient l'éclair vert du dernier rayon de soleil (le vert ayant toujours signifié, en tous temps et en tous lieux, que le passage est libre).

Les splendeurs vespérales de la baie l'irrisaient de violet et donnaient à la mer ses reflets céruléens. Le soleil de feu venait de se cacher derrière la montagne, si vite que l'on crut au mouvement d'un vivant. L'île de Patrocle et, au loin, Egine, s'éteignaient dans la nuit.

Contournant le cap découpé de Sounion, le navire gagna

---

2. Pausanias (*Attique,* 1, 1) parle, lui, d'un temple d'Athéna.
3. Une autre légende, tout aussi établi, situe au haut de l'Acropole, à l'endroit qu'occupe le petit temple de la Victoire aptère (voir ci-dessous p. 126) le lieu du suicide du vieil Egée.

peut-être ce petit port dont parle Pausanias[4], où se trouve aujourd'hui l'hôtel Aigion, remettant au lendemain d'entrer dans les eaux bleues de la baie de Phalère, afin d'apercevoir, éclairée du soleil levant, la pointe d'or de la lance qu'Athéna Promachos tenait levée sur l'Acropole, à près de vingt-cinq mètres du sol, et qu'Alaric aperçut encore quatre siècles plus tard. Les marins attendaient d'impatience de la montrer dès qu'on pouvait l'apercevoir, à chaque nouveau voyageur, et y voyaient, pour le terme de leur voyage et de leurs entreprises, quelque heureux présage.

*
* *

---

4. Pausanias commence ainsi la description de l'Attique (*Description de la Grèce,* livre I, 1) : « Quand on en vient à la terre principale de la Grèce, faisant face aux Cyclades et à la mer Egée, se dresse le cap Sounion ; c'est la terre d'Attique. En contournant le cap, on découvre un port, et un temple d'Athéna au sommet du promontoire. Quand on fait voile plus loin, c'est Laurium, où les Athéniens avaient des mines d'argent, et une île, pas très grande, appelée l'île de Patrocle (du nom d'un amiral romain). »

L'ARRIVÉE A ATHÈNES

L'entrée d'Athènes, quel que soit le moyen qui conduise là, offre un spectacle inoubliable. On le regarde depuis un moment avant de vraiment l'apercevoir, semblant adossé à l'Hymette qui lui sert d'écran, d'écrin, se distinguant à peine de la roche : le Parthénon. C'est toujours le même sursaut quand on s'aperçoit qu'on le regardait déjà, sans le voir. On sait que tout le reste peut décevoir, n'être point exaucé ; Athènes, la douce mère, n'être point digne de son renom ni de son histoire : le Parthénon veille, ennobli jusque de sa ruine, ultime victoire de l'art sur les fausses victoires du temps. Tout le reste désormais, aura quelle importance ?

*
* *

Selon Pausanias, les Athéniens disposaient de trois ports : le Pirée (*Description de la Grèce,* 1 : 2), un petit port du nom de Munychia (1 : 4) et un autre à Phalère (1 : 4).

*
* *

A peu près au temps de saint Paul, un autre voyageur se rendit à Athènes, le mage célèbre de tout l'orient antique, Apollonius de Tyane, grand thaumaturge et harangueur de foules, dont Philostrate a laissé une biographie.

Lui est venu par le Pirée. Son arrivée peut-elle servir à se faire une idée de celle de l'apôtre ?

« Ayant ancré au Pirée à la saison des Mystères, fêtes qui valent à Athènes des foules considérables, Apollonius quitta son bateau et fit route vers la cité. En chemin, il rencontra des étudiants en philosophie qui se rendaient à Phalère ; certains s'étaient débarrassés de tout vêtement, car en automne le soleil est chaud à Athènes ; d'autres étudiaient leurs livres, d'autres répétaient leurs discours, d'autres avaient organisé des débats. Il n'y avait personne pour aller l'aborder, car ils avaient déjà deviné qu'il s'agissait d'Apollonius : ils lui firent cercle, et ils le saluaient chaleureureusement ; une dizaine de jeunes gens l'entourèrent, et lui montrant du doigt l'Acropole : "Par Athéna, lui dirent-ils, nous étions juste en train de descendre au Pirée prendre le bateau pour aller te rendre visite en Ionie". Il les salua et les félicita vivement d'étudier la philosophie [1]. »

Et le texte ajoute qu'après cette première conversation, trouvant les Athéniens fort amis des sacrifices (ἐπειδὴ φιλοθύτας τοὺς Ἀθηναίους εἶδεν [2]), il discourut avec eux sur des sujets sacrés.

Que Paul arrivât ou non par le Pirée, ce texte donne déjà une idée de l'ambiance qu'il dût connaître à Athènes : très différente sans doute de celle qu'il attendait, lui qui venait là, après Philippes et Thessalonique, disposé à tous les affrontements. Manifestement Paul n'est pas prêt à aborder Athènes, la curieuse, la bavarde, l'ironique : c'est de sa surprise même que naît la raison de son échec. Tel que nous le connaissons maintenant, tendu, déterminé, conscient d'être parvenu au grand jour de sa vie, il va, dans

---

1. PHILOSTRATE, *Vie d'Apollonius*, IV, 17.
2. *Ibid.*, IV, 19.

ce contexte où il est de bon ton de tout prendre à la légère, au-devant d'une inévitable déconvenue.

Le Pirée est évidemment le principal port d'Athènes : situé en eaux profondes, à la différence de Phalère dans la baie, il permet la venue des gros navires. C'est la raison que donne Pausanias à la décision de Thémistocle, qui fut en fait au Ve siècle le vrai fondateur du port, qu'il relia à Athènes par les fameux Longs Murs (dont on a retrouvé tout récemment les fondations en creusant en 1974 le parking de la rue Stadiou). C'est qu'après la disgrâce de Thémistocle, les Trente donnèrent l'ordre de détruire ces fortifications, qui tombèrent finalement en ruine malgré la tentative de restauration, après la bataille de Cnide, d'un certain Conon[3]. A l'époque de Pausanias, et d'Apollonius, c'est quand même là qu'accostent les grands navires d'Asie mineure et de toute façon, les navires venant de l'ouest de la Méditerranée.

Mais ce qui fait penser que Paul n'a peut-être pas accosté au Pirée, ce sont les conditions mêmes de sa venue. Paul n'est pas un voyageur comme les autres. Il évite probablement les grands axes du tourisme. Il est arrivé à Athènes en toute discrétion, et d'ailleurs en toute improvisation, sur un navire frété à la hâte, au lendemain des événements de Bérée : rien à voir donc avec ce phraseur prétentieux d'Apollonius, sûr de lui et de sa supériorité, conscient d'être reconnu et flatté, qui vient à Athènes comme en pays conquis.

D'autre part, Paul vient de subir en Macédoine de cuisants échecs, dont il ne se remettra d'ailleurs pas tant qu'il n'aura pas reçu de nouvelles de Timothée et de Silas, qu'il attend. Cela crée tout un contexte de préoccupations, et explique les attitudes. S'il est déterminé, s'il se sent

---

3. Pausanias, *Attique*, II, 2.

poussé par l'Esprit, il n'est quand même pas sans appréhension. Il a longtemps souhaité venir à Athènes, c'est pour lui toute une attente, un projet mûri lentement, et le voilà maintenant un peu trop vite précipité dans l'aventure. Ce monde est nouveau pour lui, et tout ce qu'il en aura entendu l'impressionne. Mettons-nous à sa place : lui, le petit oriental, aborde enfin au sanctuaire de cette culture grecque qu'il pratique depuis son enfance, n'en ayant reçu jusque-là que les échos. Il essaiera bien de rencontrer les quelques juifs qui se réunissent à la synagogue[4], mais il constate très vite que ce n'est pas eux qui donnent le ton. Leur présence est même insignifiante si on la compare au rôle tenu par ceux de Thessalonique. Ici, le style est à la légèreté, à la gouaille, à l'ironie, d'ailleurs point méchante : les gens sont enjoués, moqueurs, caustiques, un rien provocants, mais superficiels comme dans toute société en décadence, dont la réputation est surfaite, où l'on ne croit plus en rien, où l'on n'a plus rien à perdre. Au fond, les étudiants d'Apollonius, moqueurs, exigeants, et durs pour l'apparence, sont un peu comme les Athéniens que Paul eut à rencontrer sur les places publiques. Si Paul veut amener ce monde-là à la foi, la partie va être éprouvante, pour lui s'entend, car il n'y a pas grand chose à attendre de pareilles gens. Paul commence-t-il à s'en rendre compte ? Peut-être, car on ressent chez lui une certaine nervosité (*Actes* 17 : 16). Il est certain qu'il ne sait plus très bien comment s'y prendre. Il a laissé à dessein Timothée et Silas à Bérée, et voilà qu'à peine débarqué, il veut qu'ils le rejoignent toute affaire cessante : c'est un ordre (*Actes* 17 : 15). Quand il parcourra la ville, en tous sens, sans but précis, il donnera à ceux qui l'écouteront l'impression de bafouiller (*Actes* 17 : 15). Ce n'est pas le saint Paul habituel.

---

4. *Actes* 17 : 17.

Sans compter qu'il est sans ressources financières, tant que Silas et Timothée ne le rejoignent pas. On sait qu'ils ne viendront pas à temps (*Actes* 17 : 15). Cette impatience contribue à rendre Paul nerveux. Tendu, mal à son aise, ne disposant pas de tous ses moyens, nul doute qu'en cette veillée d'armes il aura préféré une arrivée discrète. Le port de Phalère convient mieux à ce contexte que tout le brouhaha du Pirée.

Et puis, le Pirée pour quoi faire ? Ce port n'intéresse après tout que la navigation venant de l'ouest, et surtout les gros navires qui ont besoin pour accoster d'eaux profondes. Or Paul vient du sud, de Sounion, et sur une petite embarcation : tout porte à croire en effet que voyageant seulement avec quelques amis (*Actes* 17 : 15), parti dans des conditions pour le moins précipitées (*Actes* 17 : 14), il a utilisé un de ces petits bateaux de pêche faits pour longer les côtes en cabotage, appartenant à quelque particulier, frêté rapidement. Or Phalère est là, à portée, sur le chemin, adapté à ce genre d'embarcation : et Pausanias ajoute que c'est un port fort pratiqué de son temps[5] ; il en donne la raison : c'est le port le plus proche d'Athènes[6]. Pourquoi alors Paul, pressé d'arriver, alors que ses amis doivent aussitôt retourner avec des messages urgents (*Actes* 17 : 15), venant de Sounion, passant donc devant Phalère, aurait fait un si long détour jusqu'au Pirée : par mer d'abord, car il faudra une bonne demi-heure de navigation supplémentaire, à condition encore que les vents ne soient pas contraires ; à pied ensuite, car il faudra bien compter dix kilomètres pour revenir du Pirée à Athènes, alors que Phalère encore une fois est le plus près d'Athènes.

---

5. Pausanias, *Attique* 1, 4.
6. *Ibid.*, 1, 2 : ταύτῃ γὰρ ἐλάχιστον ἀπέχει τῆς πόλεως ἡ θάλασσα.

Une autre remarque de Pausanias vient encore comme une preuve, s'il en est besoin, que Paul est bien débarqué à Phalère : il signale en effet tout à fait incidemment qu'il existe à Phalère un temple d'Athéna Sciras, un autre de Zeus à quelque distance de là, et des autels, dit-il, « notamment un à des dieux inconnus » βωμοὶ δέ θεῶν ὀνομαζομένων ἀγνώστων. C'est une des premières inscriptions que Paul aura lues en arrivant en Attique. Il savait déjà comment il s'adresserait aux Grecs. Il tenait la première phrase de son discours.

Reste à savoir ce qu'est à l'époque de Paul la baie de Phalère, aujourd'hui plus circonscrite. Meinardus estime, mais sans affirmer, que cet endroit peut-être marqué par la petite chapelle attribuée à saint Théodore, dans l'actuelle localité de Néa Smyrni.

Selon une tradition beaucoup plus ancienne, cet endroit devrait plutôt correspondre à la basilique paléochrétienne de la commune de Glyphada près du restaurant Antonopoulos et de l'Hôtel Astir. C'est la version reçue par l'Eglise orthodoxe et le Guide bleu signale bien que cette basilique paléochrétienne aurait été bâtie pour commémorer le premier débarquement de saint Paul en Grèce [8]. C'est toujours la baie de Phalère, comprise au sens large, même si aujourd'hui le rivage est beaucoup plus morcelé par les limites communales. C'est finalement la tradition qui nous paraît la plus recevable.

*
* *

---

8. *Guide bleu*, p. 332.

La basilique de Glyphada. (Photographie de l'auteur.)

La petite basilique paléochrétienne de Glyphada, près de l'hôtel Antonopoulos, lieu probable de l'arrivée de Paul à Athènes. (Photographies de l'auteur.)

Tandis qu'il les attendait à Athènes... (Actes 17 : 16)

On ressent ici la ferme détermination de Paul qui, tout en se laissant conduire par l'Esprit, tient à imprimer une distinction générale à sa marche missionnaire, dont plus tard la preuve sera encore dans sa volonté irréversible de se rendre à Rome : il a la certitude qu'il n'aura rien fait pour l'Evangile tant qu'il n'aura pas atteint les capitales.

En fait de capitale, celle de l'Achaïe, n'est plus Athènes, mais Corinthe. La conquête romaine avait en gros respecté les trésors de la cité, bien que Sylla l'ait saccagé en 86 avant notre ère. Les gouverneurs romains avaient de leur mieux réparé les dommages, encore qu'ils contribuaient à faire de la ville de Pallas Athéna un musée.

Et Pausanias nous confirme bien dans cette impression que c'est un musée qu'il visite.

Pourtant, en dépit de son déclin d'alors, même si la cité des philosophes vit de son passé, on ne peut en méconnaître l'inévitable rayonnement sur tous les pays méditerranéens. Athènes reste le symbole de tout ce qui avait constitué jusque-là la culture et la civilisation. Les pouvoirs se succèdent, oubliés demain. Les influences politiques où tant d'hommes s'attachent et s'épuisent, changent de camp. Mais la pensée demeure, et si elle n'a point de patrie, elle a bien une terre natale.

Bien sûr, Paul sera déçu d'Athènes. Il n'est pas dit qu'il y reviendra. Mais étaient-ils faits pour s'entendre ?

Paul reste un juif. Luc, qui s'attachera dans son récit à prouver que les Athéniens et leur superficialité sont les seuls responsables du discours interrompu, a quand même noté, sans insister, que les œuvres d'art ne provoqueront pour Paul que de l'irritation, parce que pour lui ce ne sont que des idoles : réaction typiquement juive, qu'aucun touriste ne devait avoir (*Actes* 17 : 16). Manifestement, dès qu'il y met le pied, Paul découvre qu'il n'aimera jamais Athènes. Il n'y reste d'abord que parce qu'il y attend ses amis. Jusqu'au verbe « parcourir » (διερχόμενος *Actes* 17 : 23) suppose le désœuvrement. A Athènes, qu'il espérait tant atteindre, saint Paul a maintenant l'impression de perdre son temps.

Essayons quand même de revivre une de ses journées.

En parcourant votre ville... (Actes 17 : 23)

Athènes, telle qu'elle était au temps de saint Paul, nous pouvons la connaître par Pausanias, qui vint là cent trente ans plus tard.

C'est vrai que Pausanias bavarde comme une commère, à propos de détails relevés par lui sur les marbres et les bronzes, et glisse à tout propos dans d'interminables digressions où se mêlent des anecdotes venues de l'histoire et de la mythologie, compliquées d'interprétations contradictoires sur les noms propres. Aucune impression d'ensemble, aucune synthèse, aucune méthode.

Faut-il conclure du peu d'intérêt que Pausanias porte à l'aspect de la ville, à la disposition des rues, au genre des maisons, aux allants et aux venants, que la cité ressemble à toutes celles qu'il connaît, avec son agora, ses galeries couvertes, son gymnase, son théâtre, ses temples ? Ebloui qu'il est par les marbres, entiché d'épigraphie, méprisait-il à ce point les faubourgs, attrayants sans doute autant qu'ils le sont aujourd'hui, avec les maisons basses en terre séchée, leurs terrasses et leurs rues poussiéreuses ? N'était-il point sensible au cadre même de cette ville, installée en retrait de la mer, entourée au nord et à l'est des collines du Pentélique et de l'Hymette, avec ses hauts lieux voisins de l'Acropole, le Pnyx et le Lycabète, qui s'offrent à la promenade et à la détente parmi les pins maritimes, le Lycabète surtout dont les pentes escarpées et accessibles au promeneur par le long contour de la route qui l'enceint, invite à contempler dans la fraîcheur des brises du soir la ville grouillante qui s'étend tout autour, à la fois soumise et accueillante ?

Pour entrer à Athènes, Paul n'a pu prendre que le même itinéraire que Pausanias, c'est-à-dire, qu'on vienne de l'ouest ou du sud, traverser le quartier du *Céramique*. Tel était le nom d'une grande avenue menant aux portes de la ville, parallèlement à la voie Sacrée, bordées l'une et l'autre par des tombes construites aux frais de l'Etat en l'honneur des grands hommes ou de ceux qui étaient tombés au champ de bataille. Les citoyens se rassemblaient là chaque année pour célébrer les morts de la cité. Pausanias y vit la tombe de Ménandre, fils de Diopithes, le Cénotaphe d'Euripide (dont les cendres sont en Macédoine), les tombes de Périclès, d'Harmodios et Aristogiton, de Clisthènes. Le tombeau le plus célèbre était la « tombe publique », où se trouvaient les cendres des soldats morts pour la patrie [1]. Le cimetière devait-il son nom au fait que beaucoup de potiers avaient là leurs boutiques, ou à un certain Céramos, fils d'Ariane et de Diogène ? Nous laissons cette question à Pausanias, qui aime briller en ce genre de sujet [2].

En suivant son chemin, Paul se sera trouvé devant ce grand ensemble monumental qui faisait partie de l'enceinte de huit kilomètres, construite par Thémistocle après la victoire de Platées (479). C'est là que se trouvaient les portes de la ville.

Cet ensemble de constructions, dont on voit les ruines, jouait un rôle important dans la vie d'Athènes, puisque c'est de là que partaient les Panathénées en direction de l'Acropole et les processions d'Eleusis par la voie Sacrée. Il comprenait la porte Sacrée, où passait la voie Sacrée, et la grande porte double appelée le Dipylon (deux arches en marquaient l'entrée intérieure, séparées par un autel de Zeus, Hermès et Akamas) flanquée de ses quatre tours,

---

1. Une de ces tombes a été retrouvée : celle des Lacédémoniens tués durant les troubles de 403 (XÉNOPHON, *Helléniques*, II, 4, 33). La façade de la tombe était recouverte de dalles portant les noms des morts.
2. PAUSANIAS, *Description de l'Attique*, 3, 1.

PLAN 2

I POMPEION, ÉTAT VERS 400 AV. J.-C.
II POMPEION DU IIe S. AP. J.-C.

PORTE SACRÉE

II

DIPYLON

FONDATION DU IVe S. AP. J.-C.

50 M

Les ruines du Dipylon : on reconnaît au premier plan les ruines de l'enceinte construite par Thémistocle, puis la porte Sacrée, sous laquelle passaient la voie Sacrée et l'Eridanos (on distingue à l'extrême droite une arche sous laquelle l'eau devait couler.) A l'arrière-plan, l'avenue du Céramique. (Photographie de l'auteur.)

L'entrée d'Athènes, par la voie ouest, dans l'actuel cimetière du Céramique. Cet accès rejoint la voie Sacrée, à l'extérieur du mur d'enceinte. (Photographie de l'auteur.)

L'ARRIVÉE À ATHÈNES 119

Une tombe du cimetière du Céramique, avec représentation de Deméter et de Pamphile (IVᵉ siècle). (Photographie de l'auteur.)

reconstruites et renforcées depuis Thémistocle aux IVe et IIIe siècles. Les deux arches étaient elles-mêmes séparées par une grande bâtisse encore mal étudiée, le Pompéion, (plusieurs fois reconstruit notamment après le siège de Sylla en 86 et sous Hadrien) comprenant cour intérieure, colonnades, chambres de repos : cet endroit devait servir de lieu de réunion pour les processions, de vestiaire et de magasins d'équipement. Des chariots passaient par l'entrée de marbre, comme en témoigne la trace de leurs roues.

*
* *

Avec Pausanias pour guide, nous connaîtrons d'Athènes sinon la ville, du moins les objets que saint Paul aura pu y voir.

Aussitôt après le Dipylon[3], le temple de Déméter, avec statue de la déesse, de sa fille, de Iacchus tenant un flambeau, ouvrage de Praxitèle dont le nom apparaît en caractères attiques sur le mur du temple ; un peu plus loin, une statue équestre de Poséidon (?) brandissant son trident contre le géant Polybatès. Pausanias précise que de son temps, une inscription attribuait faussement cette statue à quelqu'un d'autre qu'à Poséidon. Puis des statues diverses, des autels, un gymnase dit d'Hermès, où l'on célébrait jadis des mystères copiés sur ceux d'Eleusis, dédiés plus récemment au culte de Dionysos Melpomène ; et des statues, encore des statues, d'Athéna guérisseuse, de Zeus, des Muses, d'Apollon, et d'Amphiction qui fut roi d'Athènes et qu'on représente célébrant les dieux[4].

En un mot, tout pour plaire à un tempérament juif comme Paul, grand pourfendeur d'idoles.

---

3. PAUSANIAS, *op. cit.* 3, 1 sq.
4. *Ibid.*, 2, 4-6.

Plus loin à gauche, c'est le Portique royal, où siégea Thésée, avec représentation en céramique de scènes appartenant à la mythologie et à l'histoire d'Athènes : Thésée jetant Sciron à la mer, le Jour enlevant Céphalos qui l'avait séduit par sa beauté... Encore des statues, de Conon, de Timothée, d'Evagoras roi de Chypre, un Zeus et à ses côtés l'empereur Hadrien, bienfaiteur de la cité. Non loin, une grande galerie avec sur un de ses murs, la peinture des Douze dieux et sur l'autre, Thésée, la Démocratie et le peuple. Deux statues d'Apollon, l'une de Léocharès, l'autre de Calamis, en souvenir de l'intervention miraculeuse du dieu qui, pendant la Guerre du Péloponnèse arrêta une épidémie. Là le Conseil des Cinq Cents, et tout à côté un sanctuaire à la Mère des dieux, statue de Phidias, et des peintures diverses, dont l'une représente les Athéniens aux Thermopyles arrêtant une invasion gauloise. Longue digression de Pausanias sur l'origine des gaulois.

Toujours en suivant notre guide, une Tholos, où sacrifiaient les Prytanes, l'autel, tout entouré de statues d'argent. Puis des statues des héros patronymes des tribus grecques ; et encore des statues, dont une de la Paix, portant dans ses bras son enfant, Opulence. Un bronze de Démosthènes, et un sanctuaire d'Arès, contenant des statues : Arès, Aphrodyte, Athéna. Autour, Héraclès, Thésée, Apollon.

La promenade de Pausanias pourrait s'intituler : inventaire d'une cité morte. N'y a-t-il donc personne sur son chemin ? En parfait commissaire priseur, il ne s'intéresse qu'aux objets ; il note, déambulant comme en un musée que l'on va déménager. Semblable aux Athéniens eux-mêmes, il prend garde de n'oublier aucun dieu, aucun autel.

L'énumération deviendrait fastidieuse si nous décrivions

1. Acropole
2. Aéropage
3. Monument de Philopappos
4. Pnyx
5. Théséion
6. Arsenal
7. Portique Royal
8. Portique de Zeus
9. Léochoréion
10. Temple d'Apollon
11. Metroon
12. Monument des Héros Eponymes
13. Autel de Zeus
14. Salle du Conseil
15. Tholos
16. Local des Stratèges
16'. Prison
17. Cour carrée
18. Source sud-est
19. Héliée
20. Source sud-ouest
21. Autel
22. Portique central
23. Administration municipale
24. Temple du sud-ouest
25. Portique d'Hermès
26. Stoa Poikilé (?)
27. Bâtiment du 1er siècle
28. Basilique
29. Boutiques
30. Chemin des Panathénées
31. Autel des Douze Dieux
32. Temple d'Arès
33. Odéon
34. Portique d'Attale
35. Statue monoptère
36. Tribune publique
37. Bibliothèque
38. Temple du sud-est
39. Nymphaïon
40. Portique du sud-est
41. Eleusinion
42. Agora romaine
43. Tour des vents
44. Librairie d'Hadrien
45. Le Portique double
46. Bâtiments d'époque hellénistique
47. Sanctuaire des Grâces

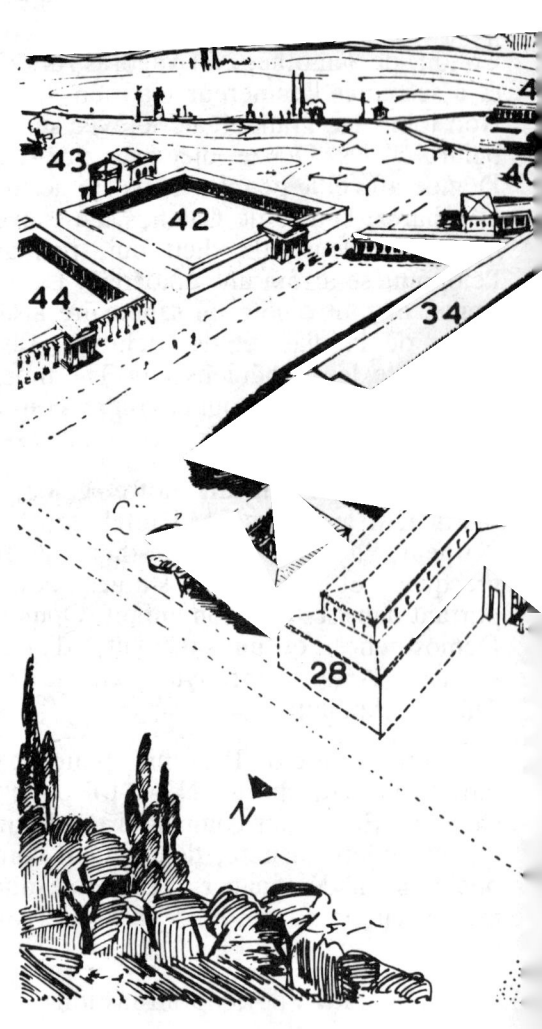

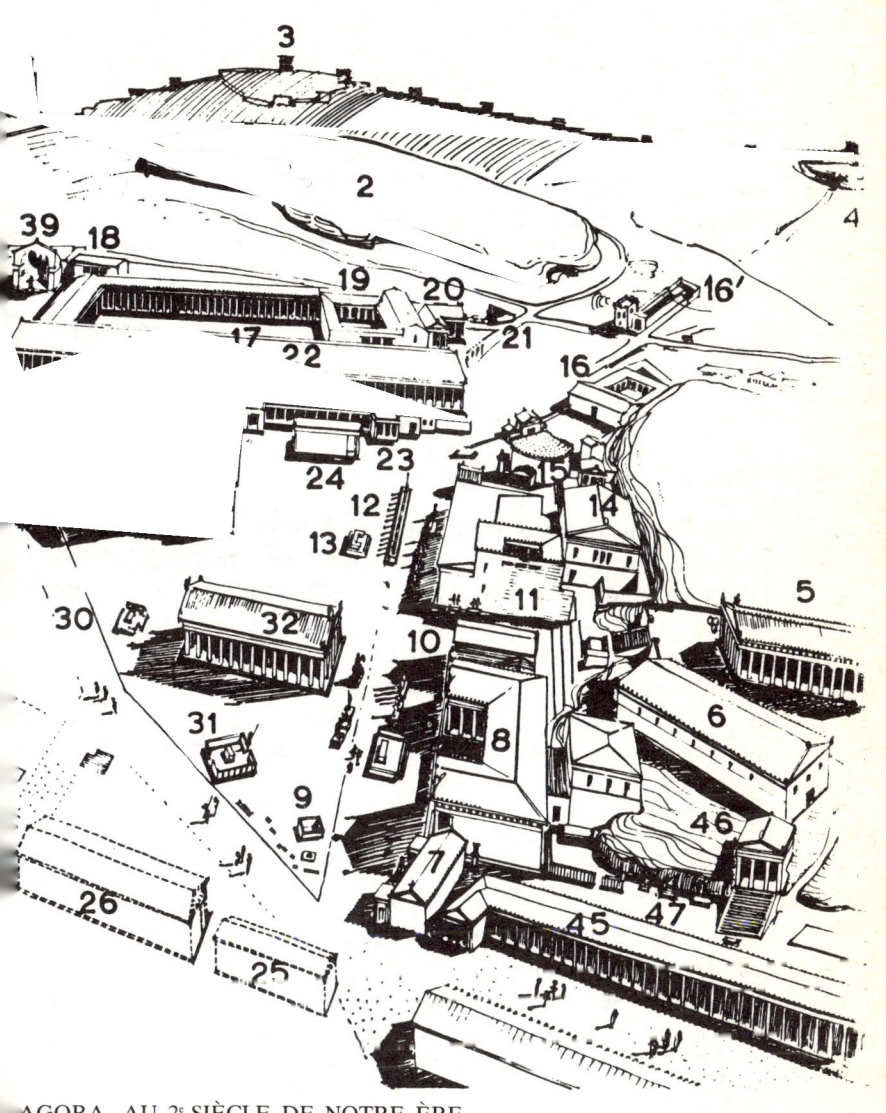

AGORA, AU 2ᵉ SIÈCLE DE NOTRE ÈRE

avec lui les statues égyptiennes autour de l'Odéon, si nous mettions un nom sur toutes les effigies des dieux autour du temple d'Héphaïstos (l'actuel Théséion) autour du temple d'Aphrodite aux yeux bleus (une statue de Phidias), si nous citions les bronzes, les marbres et les peintures au hasard de l'agora, autour de l'autel de Zeus ou du Prytanée, ou encore de la Galerie du célèbre législateur que fut Solon, autre lieu privilégié des élèves de Phidias et de Praxitèle.

Partout où il se trouvait, en ce cœur de l'ancienne ville, le voyageur ne voyait alors (semble-t-il) que des statues de dieux.

※※※

Paul sera enfin monté au Parthénon, terme de son voyage, voir de plus près cette imposante statue d'Athéna Promachos, dont la pointe de lance lui avait envoyé, jusque loin en mer, son message d'accueil. Entrant par les Propylées, qui restent aujourd'hui même dans leur ruine, peut-être par leur ruine, un des plus beaux monuments de la Grèce, il passa entre les deux statues équestres qui se faisaient face; il aura découvert là, entre les dernières colonnes doriques des Propylées, le Parthénon, le prince du temps.

Paul se trouvait le soir devant un de plus merveilleux spectacles du monde.

Au coucher du soleil, c'est bien connu depuis l'antiquité, les Propylées changent de couleur, et les marbres du Parthénon se mettent aux nuances de la nature qui l'entoure, bleues et roses, avec des fondus de parme. Parfois, quand un nuage passe, ou que des vapeurs brunes montent de la mer à la rencontre du dernier soleil, les colonnes du temple ont ce reflet jaune que l'oxyde de fer donnait déjà aux canelures du pantélique, avant de s'endormir dans les gris, parmi les pins aux reflets sombres d'émeraude. Non loin, point culminant de la ville, le Lycabète, volcan apprivoisé, oublié d'Athéna, semble posé sur les toits comme un chapeau afghan aux larges bords de fourrure, dont la pointe blanche que vient saluer le dernier rayon du soleil sur Athènes, est aujourd'hui cette petite église dédiée à saint Georges.

Le soleil va disparaître derrière la colline de l'Aigalaos, où Xerxès autrefois installa son commandement, au moment de Salamine, croyant assister au dernier et fatal assaut de la vieille citadelle. D'un coup, le ciel perd de son éclat, pour devenir comme de satin ; rarement, un moindre nuage vient détourner l'attention du palais de pierre aux contours devenus plus nets, installé sur l'Acropole comme si de toute éternité, il était né de ses marbres. Dédaigneux des bruits de la ville, de ces rumeurs confuses faites aujourd'hui des ronrons des moteurs, des sifflets et des klaxons, des feulements des pneus sur l'asphalte trop lisse, et des premiers accords des orchestres qui se préparent aux danses grecques dans les ruelles de la Plaka, le Parthénon s'offre dans la paix qu'il donne aux brises marines et vivifiantes de l'Esprit.

Le Parthénon est manifestement un des plus beaux lieux du monde. Prince du temps qui le ronge et qu'il vainc pourtant chaque jour, il porte à qui le visite un message inoubliable, qu'il a comme caché dans ses chapiteaux roulés à terre, acceptant, endormis, les visibles échecs.

Il a su, de sa destruction même, tirer son éternelle victoire. Non pour renaître, comme autrefois le Phénix où la Grèce moderne a cru un temps retrouver son emblème, mais pour demeurer.

Jusque dans sa ruine, il suscite aujourd'hui comme déjà dans l'antiquité une plus grande admiration que s'il était

« Ce merveilleux petit temple de la Victoire aptère... » (p. 102)

L'Olympéion, ou Temple de Zeus Olympien. C'est un temple collossal, dont il subsiste quinze colonnes dressées. On peut imaginer l'ampleur de l'édifice, dont la construction a été entreprise par les Pisitratides vers 515, et achevée (?) par Hadrien. Il était situé à l'extérieur du Mur de Thémistocle, qui entourait l'Acropole, à proximité de la porte Egée (Plutarque, *Vie de Thésée,* 12), entouré des jardins où Socrate aimait enseigner sur les rives de l'Ilissos (voir Platon, *Phèdre* 1,1). La légende attribuait à Deucalion, fils de Prométhée, la première consécration du temple primitif, à Zeus et à Gè, la déesse Terre, à l'endroit même où s'étaient écoulées vers l'Ilissos les eaux du Déluge. Paul, lui-même élève de Gamaliel qui formait ses auditeurs à ce genre de rapprochement (voir notre *Saint Paul et la Culture grecque,* p. 40) n'aura pas manqué de voir dans cette tradition un écho du récit biblique de la Genèse : notez le « ce que vous révérez sans le connaître » d'Actes 17 : 23. Rappelons que le temple était inachevé de son temps. (Photographie de l'auteur.)

Morton (*On the Steps of saint Paul,* p. 234) note que Paul n'aura pu manquer de remarquer ce curieux monument, situé au pied de l'Acropole, dans l'agora romaine (entre l'agora hellénique et la Plaka, à l'extrémité sud de la rue Eolou). Cette curieuse construction, appelée par les archéologues la Tour des Vents, n'est autre que la fameuse horloge hydraulique d'Andronicos (Varron, *Rerum rusticarum,* 3, 5, 17 et Vitruve, *Opera* I, 73, éd. Panckoucke, Paris, 1847) construite peu avant la venue de Paul, probablement à l'époque de César. Cet édifice octogonal abritait un mécanisme d'une grande ingéniosité : il est permis d'estimer que la disposition des cloisons intérieures et un réglage minutieux de l'admission de l'eau dans un cylindre donnaient des niveaux successifs correspondant aux heures. La petite tour ronde, à la face sud, devait servir de réservoir à cette horloge alimentée en eau par un aqueduc. La Tour des Vents doit son nom au fait que chacune de ses faces est orientée vers les huit points de l'horizon athénien auxquels correspondent les vents que l'on reconnaît sculptés sur la frise : Borée au nord, entre les deux portes, en personnage barbu, chaudement vêtu, l'air maussade ; Kaïkas au NE vidant son bouclier de grêlons ; Notos (S) le vent pluvieux vidant son urne ; Zephyros (O), beau jeune homme en vêtements légers. Sous les huit figures furent gravés plus tard (le mécanisme ne fonctionnait-il plus?) autant de cadrans solaires. Transformé en couvent par les Turcs, cet édifice fut à tort identifié au moyen âge au tombeau de Socrate. (Photographie de l'auteur.)

Monument chorégique de Lysicrate, érigé au IVᵉ siècle avant notre ère, pour recevoir un trépied de bronze, prix du chorège athénien Lysicrate en 334-335. Paul fait souvent allusion à l'institution de la chorégie dans ses épîtres (voir nos *Commentaires* sur *Ephésiens* 4 : 16 et *Colossiens* 2 : 19) : les chorèges étaient des citoyens désignés par chacune des dix tribus attiques pour assumer les frais de recrutement, d'entretien et d'équipement des chœurs qui participaient aux concours des Dionysies et des Panathénées. L'antique rue des Trépieds qui aboutissait au théâtre de Dionysos était bordée de monuments chorégiques où étaient présentés d'autres trépieds, symboles de victoire. (Photographie de l'auteur.)

«Paul sera enfin monté au Parthénon, terme de son voyage...» (p. 76)
(Photographie de l'auteur)

resté de marbre neuf, tel que l'a voulu son architecte. Il est l'image demeurée vivante des vies détruites, où il ne reste pas pierre sur pierre, mais qui sont finalement victorieuses contre toutes les fausses victoires du temps.

Ce n'est pas en touriste qu'on doit le visiter. Pausanias n'y aura décidément rien compris. Et Paul ?...

Aujourd'hui non plus on n'en reçoit rien, quand on le photographie, que l'image. Ce n'est ni un lieu de prière, ni de pèlerinage. On n'y sent rien de religieux. C'est la présence de l'homme, uniquement, et le témoignage de son inconsciente grandeur, un haut lieu de son histoire, de sa rencontre avec l'ordre de la nature, l'harmonie des pierres et de l'esprit, du hasard et de la réflexion, la grande victoire sur la destruction.

Un temple fait de main d'homme

Il est certain que Paul n'a pas eu que des sentiments d'admiration pour ce «temple fait de main d'homme». Tout n'étant point admirable d'ailleurs, et sentant trop la main de l'homme, si l'on se souvient que l'histoire du Parthénon, s'il est témoin de la grandeur d'Athènes, était malgré tout entaché de scandales. Périclès, pour construire le temple, avait quand même bien détourné de son usage le trésor de la ligue de Délos, dont il demanda le transfert à l'Acropole, en usant de subterfuges pour convaincre les confédérés. Thucydide, qui l'accusa de malfaçon, fut bel et bien exilé. Soupçonné, accusé, Périclès semble s'être arrangé pour compromettre Phidias, qui périt en prison, n'ayant pu prouver qu'il n'avait point mésusé des fonds à lui confiés pour la réalisation de la fameuse statue d'Athéna chryséléphantine, dont le coût surpassa celui du Parthénon.

Saint Paul n'était d'ailleurs point le seul à critiquer les pratiques religieuses de son temps, et à ironiser, comme il le fit en *Actes* 17 : 29 sur la « divinité, semblable à de l'or, à de l'argent ou à de la pierre sculptée par l'art et l'industrie de l'homme ». On relira avec intérêt les textes de Sénèque, sur le vrai culte, et l'opinion populaire trouve peut-être son écho dans les sarcasmes des philosophes stoïciens, à propos notamment de ces colossales statues chryséléphantines :

« Au-dehors, c'est Poséidon, le trident en main ; ou c'est Zeus, tout brillant d'or et d'ivoire ; mais va voir un peu au-dedans : des leviers, des coins, des barres de fer, des clous, qui traversent la machine de part en part ; des chevilles, de la poix, de la poussière, maintes autres choses aussi choquantes à la vue, voilà ce que tu y trouveras [1]. »

Le trop scrupuleux Pausanias était lui-même peu enclin à l'admiration. Le lyrisme est-il une invention moderne ? En fait, le fameux miracle grec, pour reprendre une expression célèbre, est le fruit d'une tradition philhéllénique qui date de Lord Byron [2], et n'aura guère été pressenti qu'avec les Pères du Ve siècle, et encore chez ceux qui, comme saint Augustin, auront été de solide culture classique. C'est aujourd'hui la culture acquise dès l'enfance qui pousse le touriste à venir découvrir sur place ce qu'il a depuis si longtemps imaginé, à fouler les lieux dont les noms seuls lui étaient connus, à goûter une atmosphère qui a présidé à la naissance de ses héros favoris, à leurs aventures, souvent excitantes, à leur liberté au grand soleil, et l'espoir secret, toujours déçu, de retrouver sur place quelque vieille dame qui en saurait davantage. De fait, l'étudiant en short, qui se promène pieds nus et sac au dos, son guide bleu à la main, en sait plus sur la Grèce, mère des dieux et des héros, que

---

1. Lucien, *Des Sacrifices*, 11, 12. Cf. *Des Images des dieux,* 14.
2. Byron, *Chants de Child Harold* (2e chant).

l'actuelle population. Ce n'est qu'à l'époque de saint Augustin qu'on entendra dire qu'à Athènes, on découvre les « rudiments du Paradis ». On n'en parlait point ainsi au temps de Pausanias, ni de Paul.

Les Athéniens et le déclin d'Athènes

> « *Or tous les Athéniens et les étrangers demeurant à Athènes ne passaient leur temps qu'à dire ou à écouter des nouvelles.* » (*Actes* 17 : 21.)

L'auteur du Livre des Actes n'est certainement pas tendre pour les habitants d'Athènes. Visiblement, il cherche à justifier d'avance l'échec du discours de Paul. Visiblement, Luc a déjà pris parti : si l'Evangile prêché par Paul n'a pas rencontré de succès à Athènes, c'est la faute des Athéniens. Mieux : il ne pouvait en être autrement, car vraiment, ces gens-là ne s'intéressent à rien.

Encore qu'il prend soin d'employer une formule qui, pour être sans appel, ne souffrant aucune exception à la frivolité athénienne, préserve quand même une certaine grandeur du passé. Athènes reste Athènes, et n'a rien à voir avec les Athéniens du jour, d'ailleurs trop mêlés d'étrangers qui se sont installés là comme chez eux. Il en est comme du touriste aujourd'hui, toujours étonné à son arrivée de ne point retrouver les grecs dont il a rêvé.

Il est vrai qu'à l'époque de Luc et de Paul, on trouvait déjà les Athéniens de ce temps-là peu dignes de leurs ancêtres. A côté des propos que Philostrate prête à Apollonius, ceux du Livre des Actes ne paraissent point sans délicatesse :

> « On dit qu'il s'en prit aux Athéniens à propos du festival de Dionysios, qui a lieu en saison, au mois d'Anthestérion.

Quand il les vit affluer au théâtre, il crut qu'ils allaient écouter des chants et des chœurs comme on en entend dans les processions et les chorales, au cours des comédies et des tragédies : mais quand il se rendit compte qu'ils se livraient à des danses lascives au son de la flûte, et qu'au beau milieu de l'épopée et de la représentation sacrée d'Orphée, ils prenaient des poses comme les Saisons, les Nymphes ou les Bacchantes, il se mit à les tancer vivement : Arrêtez, leur disait-il, d'envoyer valser la gloire des soldats de Salamine, ou de tous ceux qui sont morts au champ d'honneur ! Car si c'était là une danse à la spartiate : hardi soldats, vous vous entraînez au combat, et je suis des vôtres ! Mais si c'est un tortillis doucereux et efféminé, que faut-il dire de vos trophées ? Qu'ils ne sont plus dressés à la honte des Mèdes et des Perses, mais à votre propre honte[1] ».

Ou bien encore, continue le biographe, Apollonius reprocha aux Athéniens leur cruelle bestialité : n'accouraient-ils point en foule au Théâtre qui est au pied de l'Acropole, pour assister à des mises à mort d'hommes ! Oui, on achetait à prix d'or des truands, des repris de justice, on les armait et on les faisait se battre à mort, à la honte, leur dit Apollonius, de l'Athéna protectrice qui voyait de pareils massacres du haut de son Acropole, et de Dionysios, le patron du théâtre, dont la cithare était souillée. D'ailleurs, les dieux n'avaient-ils point déjà quitté les lieux[2] ?

Le cosmopolitisme d'Athènes aura-t-il été la cause de son déclin, comme semble encore le suggérer discrètement le Livre des Actes ?

*
**

---

1. Philostrate, *Vie d'Apollonius*, 4, 21.
2. *Ibid.*, 4, 22.

Paul semble n'être venu qu'une fois à Athènes, qui l'aura déçu. Athènes n'est plus le centre culturel qu'il espérait, le rayonnement de la pensée. Ce n'était plus rien. La cité des philosophes vivait de son histoire, et sa réputation était surfaite. Les mœurs elles-mêmes étaient gâchées, et c'est mauvais signe. En tout cas, la dure morale d'autrefois n'existe plus, non plus que l'idéal. Les philosophes avaient tous versé dans le cynisme. On ne croyait plus en rien ; on ironisait sur tout ; on discutait seulement, de tout et de n'importe quoi. C'est vrai que la frivolité était déjà un trait de caractère que Platon, Protagoras et Démosthène reprochaient à leurs contemporains [3].

En revanche, si on manque de sérieux, on vit dans l'animation. Athènes n'a jamais été une ville morte, même si Pausanias nous fait croire qu'elle n'est plus qu'un musée. La vie est partout, dans la rue, aux terrasses. On ressent aujourd'hui place Syntagma, comme sur l'antique agora, à quelques centaines de mètres de là, une excitation intellectuelle, sans profondeur sans doute, un peu factice, un peu vaine, mais entraînante, qui donne un plaisir mêlé de détente et l'impression d'une incessante activité. Est-ce dû au ciel d'Athènes, le soir, que Plutarque disait déjà tissé de soie ? C'est bien une atmosphère soyeuse qui recouvre la ville, offrant à l'esprit vivifié enthousiasme et bien-être. Il existe à Athènes quelque chose qui chasse la mauvaise humeur et la dépression. On se sent capable de rester là des heures sur les places, à l'ombre des poivriers, ou sous les tentures qui proposent des refuges de fraîcheur, à regarder, et à écouter. Et quand un garçon de café polyglotte vous apporte avec votre consommation ce grand verre d'eau fraîche où tintinnabulent des glaçons contre les parois embuées, vous vous sentez comme au centre du monde.

---

3. Voir PLATON, *Protagoras* 312, c et s et DÉMOSTHÈNE, *Troisième Philippique* 28-31.

D'autant plus que toutes les nouvelles vous arrivent de partout, accrochées aux kiosques, c'est-à-dire tous les dix mètres, sur les premières pages des journaux exposés. Mais où, dites-moi, autant qu'à Athènes, êtes-vous à même de vous procurer la *Gazette de Lausanne,* le *Courrier de l'Ouest,* la *Voz* ou la *Pravda* dans l'édition du jour ? Non, si le Grec a changé d'apparence, il n'a pas changé d'habitude depuis que Démosthène le décrivait, s'affairant sur l'agora à l'affût des dernières nouvelles, tandis que la république était en danger.

L'athénien est bien resté un homme de la rue. Il aime toujours les harangues publiques. Allez place Omonia vers le soir : vous y verrez toujours ces discoureurs improvisés, capables d'attrouper une cinquantaine de passants pas moins, qui se tiennent tout contre lui, formant un cercle impénétrable. On y parle de tout et de rien, avec passion.

Le Livre des Actes a raison de signaler que les philosophes de la rue sont pour quelque chose à cette animation. C'est eux qui avaient donné le ton, déjà à l'époque classique, enseignant dans les jardins ou sous les portiques. C'était devenu une tradition. Sans doute l'Académie, le Lycée, le Portique n'existent plus en tant que tels, mais le souvenir en est resté, et la place publique est le lieu de rencontre favori des nouveaux maîtres à penser, comme de toute la population athénienne qui s'arrête volontiers à les écouter. Les grandes tendances de l'époque sont représentées par les stoïciens, qui se tiennent volontiers dans la galerie des Peintures (le Stoa Poïkilé) sur l'agora même, et les Epicuriens ont leur école tout près.

Paul recherchait volontiers ce genre de contact (*Actes* 17 : 17) surtout avec les Stoïciens qu'il connaissait bien pour les avoir entendus argumenter dans les rues de Tarse, les Antiper, les Zénon, les Chrysippe [4].

4. Voir notre *Saint Paul et la Culture grecque*, p. 73.

L'ARRIVÉE À ATHÈNES

Il est à noter tout de suite les premiers succès de Paul, qui semble d'abord se trouver à l'aise, en apparence du moins, dans les manières athéniennes, et l'intérêt du public pour ce qu'il dit : intérêt fait de curiosité sans doute, et superficiel, mais que Paul sut entretenir. Connaissant maintenant leur goût pour les nouveautés, et les divinités inconnues, il leur parle de Jésus et de ce qu'ils ont compris être une certaine Anastasis (*Actes* : 17 : 18). Comme la cité ne pouvait être qu'intéressée à son tour si on lui apprenait le nom de divinités encore non célébrées, il ne fallait plus se contenter de on-dit : on allait vers une déclaration officielle.

« *Alors ils le prirent et le menèrent à l'Aréopage, en disant : pouvons-nous savoir quelle est cette nouvelle doctrine que tu enseignes ?* » (*Acte* 17 : 19.)

Paul est pris de court. Il s'était sans doute mal expliqué, peut-être même a-t-il bafouillé, comme semble indiquer le mot dont on le traîte (« spermologos », expression injurieuse où l'on devine une obscénité). Peut-être s'attendait-il à d'abord rencontrer les juifs, comme ce fut le cas à Philippes et à Thessalonique : tout avait été beaucoup trop vite, et Luc fera tout pour cacher que Paul manifestement n'est pas prêt, et se trouve assez bien énervé de se trouver jeté malgré lui à l'improviste et dans de mauvaises conditions dans un projet depuis longtemps préparé, dont il attendait beaucoup. Il allait gâcher toutes ses chances, il le savait déjà.

Il était de la compétence de l'Aréopage d'examiner les nouvelles doctrines et de décider de leur intérêt, en ayant des informations de première main. C'était pour Paul un grand honneur que d'être sollicité par le Conseil des sages, la plus haute autorité culturelle et cultuelle d'Athènes, par qui était prise toute décision concernant la vie religieuse.

Selon Eschyle, c'est la déesse Athéna elle-même qui aurait fondé le Conseil des sages. Il se réunissait tantôt à l'intérieur du portique Royal, selon une information venue de Démosthène (probablement dans la partie récemment excavée au nord-ouest de l'agora par les travaux en 1970 de la ligne ferroviaire du Pirée : c'est là que semblent s'être trouvés les principaux bâtiments publics de l'ancienne Athènes), tantôt sur la colline à qui il devait son nom, la colline d'Arès, dieu de la guerre (ou, selon une autre étymologie, la Colline des Araï, c'est-à-dire des divinités vengeresses qui poursuivent jusqu'à cet endroit Oreste, après le meurtre de sa mère).

C'est là que, selon la tradition, Paul se serait adressé aux Athéniens, comme le commémore une plaque de bronze fixée à même la pierre : soit au pied de la roche, côté sud, où se trouve un hémicycle, soit en dépit d'une vingtaine de marches mal commodes à force d'être glissantes (étaient-elles recouvertes à l'époque comme on l'a fait récemment pour les marches des Propylées ?) au sommet de la colline où des marques dans la pierre taillée indiquent qu'on avait bâti là des constructions légères.

Toujours est-il qu'ils écoutèrent ce jour-là un des discours de Paul, dont on ne sait pas très bien comment il a été prononcé, mais dont on a une transcription des mieux composées du Nouveau Testament.

*
**

Le discours

« Paul, debout au milieu de l'Aréopage, dit : Hommes Athéniens, je vous trouve à tous égards extrêmement religieux. Car en parcourant votre ville et en considérant les objets de votre dévotion, j'ai même découvert un autel avec cette

inscription : A un dieu inconnu ! Ce que vous révérez sans le connaître c'est ce que je vous annonce. Le Dieu qui a fait le monde et tout ce qui s'y trouve, étant le Seigneur du ciel et de la terre, n'habite point dans des temples faits de main d'homme ; il n'est point servi par des mains humaines, comme s'il avait besoin de quoi que ce soit, lui qui donne à tous la vie, la respiration et toutes choses. Il a fait que tous les hommes, sortis d'un seul rang, habitassent sur toute la surface de la terre, ayant déterminé la durée des temps et les bornes de leur demeure ; il a voulu qu'ils cherchassent le Seigneur et qu'ils s'efforçassent de le trouver en tâtonnant, bien qu'il ne soit pas loin de chacun de nous, car en lui nous avons la vie, le mouvement et l'être. C'est ce qu'ont dit aussi quelques-uns de vos poètes : De lui nous sommes la race... Ainsi donc étant la race de Dieu, nous ne devons pas croire que la divinité soit semblable à de l'or, à de l'argent ou à de la pierre, sculptés par l'art ou l'industrie de l'homme. Dieu sans tenir compte des temps d'ignorance, annonce maintenant à tous les hommes qu'ils aient à se repentir, parce qu'il a fixé un jour où il jugera le monde selon la justice, par l'homme qu'il a désigné, ce dont il a donné à tous une preuve en le ressuscitant des morts... » (Actes : 17 : 22-31.)

Le discours de Paul n'a manifestement pas été prononcé tel quel. Le texte que nous en avons a été recomposé. En effet :

— qui aurait pu prendre à la volée le texte du discours ? Paul, dans ses épîtres, utilise souvent des tachygraphes, qui sont ses compagnons, qui connaissent bien son style, Tychique ou Timothée, mais là ? Il est seul à Athènes, ni Timothée ni Silas ne l'ayant rejoint (*Actes* 17 : 16). Quant à lui, il n'a aucune note : de son intervention improvisée, il ne gardera qu'un souvenir global. Quant à l'auteur du Livre des Actes, il n'est pas présent non plus, comme l'indique le style à la troisième personne de tout ce passage

(*Actes* 16 : 40 à 20 : 5)[5]. Qui d'autre ? Denys l'Aréopagite ? Mais il est inexpert à ce genre de sujet, entendant une prédication pour la première fois. S'il a été consulté, ce qui n'est pas impossible, il n'aura pu que rassembler ses souvenirs...

— d'autre part ce texte appartient bien aux habitudes de style de l'époque, ouvertement adoptées par Luc, selon lesquelles les discours doivent faire l'objet d'une composition spéciale particulièrement élaborée, parce qu'ils sont destinés à être lus en public notamment dans les écoles. Notre texte par sa structure, son argumentation, le ton, sa pertinence, est un petit chef-d'œuvre du genre[6].

Il n'est de fait guère d'inconvénient à admettre que ce texte soit autant de Luc que de Paul : les théologiens reconnaîtront même que l'inspiration du passage n'est point en cause. Il faudra seulement tenir compte d'une différence de registre : si le texte est le même, et les arguments et les citations, il n'a certainement pas été dit comme cela. La perfection formelle de ce petit discours fait penser à un orateur sûr de lui, en parfaite possession de ses moyens, plein de finesse et de force : et c'est bien l'image que Luc veut donner à tout prix à l'apôtre dans cette affaire d'Athènes qui a finalement mal tourné.

Dans la réalité, Paul a bafouillé :

— c'est déjà le reproche que lui font les gens de la rue à Athènes, qui savent ce que parler veut dire et lui envoient l'injure obscène de « spermologos ». Le public d'Aristophane a bien compris que Paul bégaie ;

— la foule gouailleuse a pris le dessus : il faut dire que l'aisance naturelle des grecs, habitués à la vie publique, aux

---

5. Nous avons noté que Luc est resté à Philippes (voir ci-dessus p. 55).
6. Voir ce que Quintillien dit de ces exercices d'écoles, *exempla*, dans son *Institution oratoire* I. 8. 18.

gymnases, leur donne facilement de l'ascendant sur ceux qui, malgré la vigueur de leur esprit, se sentent mal à l'aise dans leur physique, qu'ils ont l'habitude de négliger. Paul est de chétive apparence [7] plus à l'aise dans la correspondance que dans l'intervention directe. A Athènes il va se mettre en frais pour rien car il s'aperçoit que ses auditeurs se moquent de sa personne ;

— outre qu'il ne se fait pas d'illusion sur son art oratoire. L'injure de spermologue lui restera en travers de la gorge, et il sait bien qu'il n'a pas la parole facile. Il est au courant que ses adversaires en font une arme contre lui (2 *Cor.* 10 : 10-11). Il admet que lorsqu'il se présente en public, « il est dans un état de faiblesse, de crainte et de grand tremblement, et que sa parole n'a rien de persuasif » (1 *Cor.* 2 : 3-5) ;

— d'autant plus qu'il n'est pas dans les sentiments qui conviennent. Il se sent au fond de lui « très irrité par cette ville pleine d'idoles » (*Actes* 17 : 17), ceci étant noté pour qu'on sache bien que Paul ne se laisse absolument pas séduire par les splendeurs de la culture grecque. Il réagit en juif, et encore en juif de la meilleure tradition, qui garde le sens du sacré et prend tout au sérieux. A lire ses épîtres, on s'aperçoit vite qu'il n'a pas le caractère à la plaisanterie, et qu'il n'aime pas la contradiction. Il est plus capable d'affronter l'emprisonnement, la lapidation ou les naufrages qu'un public pour qui est tout prétexte à la moquerie ;

— et rappelons qu'il n'est pas prêt : il est préoccupé par le retard de ses amis. Il les attend pour faire le point de la situation en Grèce du Nord avant d'entreprendre une nouvelle action à Athènes. Il passe le temps en faisant de la « théoria » c'est-à-dire du tourisme. Il va chercher à

---

7. Paul se compare lui-même à un avorton (1 *Cor.* 15 : 8). Il sait d'ailleurs très bien que ses adversaires disent de lui qu'il ne paie pas de mine (2 *Cor.* 10 : 1).

prendre contact d'abord avec la synagogue, selon le schéma de ses interventions habituelles. C'est à ce moment qu'il est surpris par les philosophes de la rue, qui le remarquent au premier coup d'œil, l'écoutent et l'entraînent de force et comme par jeu. Les termes indiquent même une certaine violence, et une résistance de l'apôtre : ils mettent la main sur lui (ἐπιλαβόμενοι), le poussent. Que pouvait-on attendre d'un pareil moment ? Paul improvise dans les pires conditions, bien qu'il ait déjà pensé aux arguments de son discours.

Le texte des *Actes* 17 : 32 dit qu'à la fin, lorsqu'ils entendirent parler de la résurrection, on se mit à rire. Luc, qui a déjà pris tant de soin à dire et à redire la frivolité des Athéniens, quitte à surcharger son texte[8], fait encore tout maintenant pour déplacer honorablement pour Paul le motif des sarcasmes : on rit de l'Evangile, et non du personnage. Mais tout prête à penser que depuis le début du discours, on riait déjà très fort, rien qu'à le voir s'animer. Et quand Paul comprit que c'était pour se moquer de lui qu'on l'avait exposé en public et qu'on lui avait offert ironiquement les gloires de l'Aréopage, il était trop tard. D'ailleurs qu'importe le discours en lui-même ?

Paul fut tellement ulcéré qu'il se promit sans doute dès cet instant de ne plus jamais remettre les pieds à Athènes.

*
* *

Il s'est donc agi de toute façon d'écrire après coup le discours. Bien sûr Paul a pu le faire (ou plus probablement Luc sur son témoignage, le seul vraiment possible : témoignage de première main sans doute et l'historien aimerait avoir souvent de pareilles sources), mais enfin, ce

---

8. C'est visible en *Actes* 17 : 21.

discours d'abord improvisé dans de mauvaises conditions et le texte ensuite réécrit à tête reposée, même si c'est par l'orateur lui-même, est-ce vraiment la même chose ? Par rapport à ce qui a été réellement dit, où l'apôtre semble avoir été loin de convaincre, que vaut le témoignage de ce merveilleux petit texte élaboré après coup, manifestement pour un autre public que celui d'Athènes ?

Le discours de Luc, quant à lui, reste un chef-d'œuvre, dans le ton, la composition, de diplomatie, de bon goût, et d'efficacité. Une simple lecture confirme que le tout est beaucoup trop bien dit, trop bien calculé, trop dosé pour n'être qu'une improvisation. Avec un enchaînement d'idées particulièrement bien conduit : car de l'Acropole à Golgotha, en si peu de mots, c'était une gageure. Ainsi recomposé, le discours ne s'adresse plus aux Athéniens, mais aux chrétiens de l'époque, et à une certaine hiérarchie apostolique, pas toujours amie de Paul dont elle conteste le ministère, et qu'il faut maintenant convaincre. Les « apôtres par excellence », pour reprendre l'expression paulinienne, toujours en contestation contre lui, épiant ses difficultés dans les églises, tirant argument de ses emprisonnements, contestant son autorité à lui qui « n'a point connu le Christ selon la chair » et la légitimité de son apostolat, ne devaient à aucun prix avoir connaissance de son lamentable échec d'Athènes. C'est ce qui va maintenant déterminer à fond Luc dans sa composition, outre le souci littéraire : prouver que la faute de l'échec en revient aux Athéniens, et que personne ne pouvait mieux faire.

*
**

Le texte commence par les compliments d'usage, dignes et sans excès :

« *Athéniens, je vous trouve à tous égards extrêmement religieux.* » *(Actes* 17 : 22.)

Point d'emphase, aucune allusion à la splendeur d'Athènes, à sa célébrité : Paul n'est pas le touriste qui débarque. Point de flatteries non plus à l'intention des philosophes, comme tant d'autres auraient cru bon de le faire : juste ce qu'il faut. Un compliment, formel, pour une qualité, d'ailleurs à interprétations multiples, que tout le monde reconnaît[9] aux Athéniens : ils semblent pour le moins avoir le sens religieux. C'est surtout une habile transition.

Encore que, conscient du mépris qu'il affronte, et de l'ironie, Luc veut un Paul plein de dignité et lui donne un ton d'importance. Il ne lui fait pas dire « vous êtes très religieux », mais « je vous trouve »... Nuances. Réserves sur le fond. Paul ne s'en laisse pas imposer. Il observe. Il prend le ton du juge.

Ici, le trait est génial, de rapidité et d'efficacité. En amenant le sujet, il ne manque pas de piquer la curiosité :

« *Car en parcourant votre ville et en considérant les objets de votre dévotion, j'ai même découvert un autel avec cette inscription : à un dieu inconnu.* » *(Actes* 15 : 23.)

Cette inscription, on se le rappelle, Paul avait dû la remarquer en débarquant à Phalère, où Pausanias la verra[10].

---

9. Ainsi PAUSANIAS : « J'ai déjà dit plus haut qu'on voyait chez les Athéniens un attachement aux choses religieuses beaucoup plus marqué que chez les autres peuples » (*Attique*, 1, 24, 3). « Plus que n'importe qui, ils honorent les dieux » (*Attique*, 1, 17, 1). Philostrate avait déjà noté dans sa *Vie d'Apollonius* 4, 19, que les Athéniens étaient très adonnés aux cérémonies religieuses : voir ci-dessus p. 106.
10. PAUSANIAS, *Attique*, 1, 1, 4. Pausanias d'ailleurs insiste : « Ils ont des autels à la Pudeur, à la Renommée, à la Force morale... » (1, 17, 1). ŒCUMENIUS, le

En fait, si le discours réel fut improvisé, Paul avait eu très tôt les deux éléments sur lesquels il pensait bâtir son discours : cette inscription de l'autel de Phalère mentionnant les dieux (ou le dieu) inconnus, et la citation d'Aratos, tirée des *Phénomènes*. En empruntant aux Grecs leurs propres formules, il amène son sujet à lui ; c'est tout à fait typique de sa manière, apprise de Gamaliel[11] :

« *Ce que vous révérez sans le connaître, c'est ce que je vous annonce.* » (*Actes* 17 : 23.)

Du même coup, tout est en place. Paul s'est présenté : il est le prédicateur du Dieu inconnu. Il salue au passage la piété tous azimuts des Grecs, rabaisse leurs prétentions tout en aiguisant leur curiosité. Vous ne le connaissez pas : moi, oui. Vous ne voulez oublier personne, dans votre dévotion : vous omettez l'essentiel.

Et on en vient à un certain nombre d'affirmations, qui, pour être dans la ligne de l'Evangile de Paul, n'en étaient pas moins proches des conceptions des gens d'Athènes. Car cet exposé très complet des attibuts de la divinité prêchée par Paul, présentée façon grecque, a en soi quelque chose qui force l'admiration. C'est la première fois sans doute que dans l'histoire de la philosophie et des religions, on essaie de pareils rapprochements et c'est probablement la seule fois qu'on y réussira aussi parfaitement :

commentateur grec du Livre des Actes certifie que l'inscription était plus complète :
> Aux dieux d'Asie et d'Europe
> et de Lybie
> aux dieux inconnus étrangers.

Tertullien dans son commentaire, fait état d'un pluriel : aux dieux inconnus.
11. Voir notre *Saint Paul et la Culture grecque*, p. 59.

— le Dieu créateur : *Le Dieu qui a fait le monde et tout ce s'y trouve*
— le Dieu souverain : *étant le Seigneur du ciel et de la terre*
— le Dieu transcendant : *n'habite point dans des temples faits de main d'homme*
— le Dieu providence : *il donne à tous*
— le Dieu qui se révèle
    dans la nature : *la vie, la respiration et toutes choses...*
    dans l'histoire : *il a voulu que tous les hommes sortis d'un seul sang habitassent sur toute la surface de la terre...*
    dans la conscience : *il a voulu qu'ils cherchassent le Seigneur et qu'ils se forçassent de le trouver en tâtonnant, bien qu'il ne soit pas loin de chacun de nous...*
— le Dieu destin : *il a déterminé la durée des temps et les bornes de la demeure*
— le Dieu de l'Evangile :
    il pardonne : *sans tenir compte des temps d'ignorance*
    il accueille : *tous les hommes en tous lieux*
    il prêche : *il annonce*
    il juge : *il jugera le monde selon la justice*
— le Messie : *par l'homme qu'il a désigné, ce dont il a donné à tous une preuve certaine en le ressuscitant des morts.*

Le tout assorti de clins d'œil aux philosophes, qui ont justement besoin de preuves, à la conception stoïcienne de la divinité transcendante, se révélant dans la nature, dans l'histoire et la conscience ; jusqu'à une citation fort bien venue des *Phénomènes* d'Aratos autour de laquelle le discours est bâti. Soit dit par parenthèse, personne mieux que Paul ne pouvait connaître cette œuvre du IIIe siècle qui faisait partie des florilèges utilisés dans les écoles secondaires de la Païdeia grecque [12]. Paul nous a déjà donné la preuve dans ses discours missionnaires d'Antioche et de Lystres qu'il est habitué au langage stoïcien (*Actes* 13 : 16-41 et 14 : 15-17). La différence est ici que l'ensemble est trop bien pensé, calculé, trop savamment dosé pour être une simple improvisation.

Autre remarque qui va dans le même sens, montrant que le discours a été refait et s'adresse à un autre public : tel quel, il paraît agressif, plus qu'il n'est utile. A bien y réfléchir, ce chef d'œuvre de diplomatie contient des critiques, qui auraient figé le rire des Grecs, si du moins ils les avaient entendues :

— d'abord, c'est dit clairement, la philosophie ne vaut rien. Avec leurs connaissances accumulées, les Grecs ont échoué dans leur approche de la divinité : « vous le révérez sans le connaître » (*Actes* 17 : 23). D'autre part, l'expression superbe : « Dieu ne tient pas compte de vos temps d'ignorance » n'était pas faite non plus pour plaire à des auditeurs comme ceux de l'Aréopage. A tout prendre, elle aurait même été maladroite à force d'agressivité.

— Le texte d'*Actes* 17 : 22-31 contient des accusations directes contre le clergé et tomberait sous le coup des lois anti-sacrilèges. « Dieu n'est pas servi par des mains humaines, comme s'il avait besoin de quoi que ce soit » (v. 25). « Nous ne devons par croire que la divinité soit semblable à de l'or, de l'argent ou de la pierre, sculptées par l'art ou l'industrie de l'homme » (v. 29). Si saint Paul n'est pas le seul à ironiser sur les statues chryséléphantines, on l'a signalé plus haut [12], le dire là, ouvertement, juste au pied de la statue d'Athéna, en présence du tribunal officiel du peuple grec, aurait été une provocation bien inutile, qui aurait sûrement été relevée.

12. Voir notre *Saint Paul et la Culture grecque,* p. 67.
13. Voir ci-dessus, p. 131.

— Paul semble faire exprès (il insiste lourdement) de ne tenir aucun compte de cette différence entre grecs et barbares, dont les Athéniens continaient à faire grand cas. En fait, Paul ne connaît que trop les dangers de cette forme de racisme, qu'il a rencontrée même de la part de ses propres collègues, du côté des judaïsants qui veulent toujours distinguer, dans l'évangélisation, entre circoncis et incirconcis. C'est le même problème, cette fois déplacé, mais avec la même argumentation, l'opposition *grecs/barbares* étant substituée à l'opposition *juifs/païens*. Mais c'est aussi là que nous constatons que le discours ne s'adresse plus aux Athéniens. C'est un contexte de réflexion qui n'a aucune signification pour eux, mais ne peut se comprendre que dans le cadre des discussions des milieux judéo-chrétiens de Jérusalem, où l'on doute encore que Dieu s'adresse tout aussi bien aux païens. Que vaut en effet pour les Athéniens qui eux se disent encore supérieurs à tous les barbares, cet argument répété avec insistance, selon lequel « l'appel de Dieu s'adresse à tous les hommes, sans distinction, parce qu'ils sortent tous d'un même sang » (*Actes* 17 : 24, 26, 30). Cette condescendance, n'a de signification que parce qu'on veut au passage convaincre les judéo-chrétiens ; mais si la chose avait dû être dite ainsi aux Athéniens, c'eût été déplacé, désobligeant, dangereux et vraiment sans aucun intérêt. Plus : les Athéniens n'auraient sûrement rien compris, puisque c'est eux qui se prenaient pour le centre du monde. En revanche, ce discours est écrit comme un rapport à destination de la hiérarchie apostolique, qu'elle veut convaincre que Paul est à cet instant en train d'exercer son vrai ministère, lequel consiste à adresser l'Evangile à tous les peuples, même à ce public si difficile qu'est celui des Athéniens.

Pas question encore une fois de montrer un apôtre Paul bafouilleur et minable, qui fait échouer la prédication par sa propre maladresse : ce serait trop plaire à ceux qui contestent son ministère, et soutiennent, même s'ils sont acquis à une certaine ouverture de l'Evangile en direction du monde païen, que l'apôtre est un instrument mal choisi, qui s'est désigné lui-même pour une pareille tâche, laquelle doit rester sous le contrôle de Jérusalem.

Mais laissons là la polémique du temps, et la part qu'y prit Luc, ardent défenseur de la prédication paulinienne. Restons avec le texte et disons :

Voilà le merveilleux petit discours, désormais gravé dans le bronze, que Paul aurait dû prononcer à l'Aréopage. Peut-être aurait-il suscité plus d'émotion et aurait-il eu plus d'efficacité. Dommage, oui vraiment dommage, que Paul, mal à l'aise, pris au dépourvu, ait continué de bafouiller, en s'énervant, n'arrivant pas à franchir cette barrière d'ironie et de mépris. Sans doute aurait-il préféré la persécution, plutôt que d'être renvoyé comme n'importe qui, avec cette froide politesse, la pire de toutes :

« *Ca va, nous t'entendrons là-dessus une autre fois.* » *(Actes 17 : 32.)*

L'échec d'Athènes

Il est dur, quand on s'est attaché tout entier à quelque noble entreprise, de subir à l'improviste, au moment même où l'on croit arrivée la victoire, cette ironie désolante et faussement protectrice, qui abat jusqu'en vous la confiance et l'estime que vous y trouviez.

La grande leçon que Paul apprit ce jour-là, c'est qu'il faisait fausse route. Il n'y a rien à attendre des ressources intellectuelles, tant qu'elles sont seules. Il le déclarera peu après, dans son expérience corinthienne où il est tremblant et désemparé : « *ce n'est point avec les discours de la sagesse que je m'adresse à vous* ». (1 *Cor.* 1 : 1-3).

« Ce merveilleux petit discours, désormais gravé dans le bronze, que Paul aurait dû prononcer à l'Aréopage » (p. 149). (Photographie de l'auteur.)

Après Athènes, Paul dut reviser tout son programme d'action missionnaire. Il est étonnant, peut-être aussi réconfortant un peu, de voir ce grand homme de la prédication, ce maître de l'évangélisation, passer son temps à désapprendre. Dès sa conversion, à Damas, il commence à prêcher mais ne convainc personne : c'est l'échec, immédiat, et le silence de trois ans en Arabie. Après le long séjour de Tarse, où il remet tout en question, il a eu la chance d'avoir son Barnabas, qui vint le chercher. Paul ne paraît pas, quand on le connaît un peu, ce maître tranquille et solennel, ce seigneur du verbe au ton assuré, au contraire. Il est un homme impulsif, enthousiaste sans doute mais accessible au découragement, inquiet, vite démoralisé, hésitant, mal à l'aise dans son action, vulnérable et susceptible, travaillant à son devoir avec crainte et tremblement et qui, se voulant tout à tous, dut passer sa vie à se réadapter.

On dit que Paul, avant de quitter Athènes, se serait caché dans un trou, qu'on montre, au pied de l'Aréopage, près des ruines d'une basilique dédiée à Denys l'Aréopagite. Paul s'y serait-il caché par peur ? Mais qu'avait-il à craindre ?

Ou peut-être par honte ?

***

Dans le texte de Luc, Paul reste plus digne :

> « *Ainsi Paul se retira du milieu d'eux. Quelques-uns néanmoins s'attachèrent à lui et crurent. Denys l'Aréopagite, une femme nommée Damaris, et d'autres avec eux.* » *(Actes 17 : 33-34.)*

Que ce mot « néanmoins », qu'ajoutent certaines versions, est délicieux ! Bien sûr, Luc a enregistré l'échec, même s'il cherche à l'expliquer par le caractère des Athéniens. Le « ainsi » du v. 33 fait du retrait de Paul la conséquence directe de leur mauvais accueil. En fait l'échec n'est pas total : quelques-uns crurent (v. 34) et s'ils ne sont pas nombreux, ils sont de qualité. C'est le côté aristocrate de Luc, qui note toujours si les personnes font partie de la bonne société (cf. *Actes* 17 : 4, 11, 12). A moins que ce soit pour figurer dans les rapports. Ici, c'est un membre du Conseil suprême, Denys, et une femme, inconnue à vrai dire, dont on prend soin de signaler le nom : Damaris.

« *Ils s'attachèrent à Paul, et ils crurent.* » *(Actes* 17 : 34.)

Le texte indique que Paul est resté quelque temps au milieu d'eux, et que leur conversion ne s'est faite qu'après avoir entendu Paul en particulier. Le « après cela » de *Actes* 18 : 1 ne nous renseigne guère sur la durée du séjour de Paul. L'expression signalerait-elle aussi que l'affection qui est née là n'était pas tout à fait réciproque ?

A propos de Denys l'Aréopagite, beaucoup de traditions circulent, notamment une qui ferait de lui le saint Denys français, mort martyr à Montmartre à l'emplacement de l'actuelle basilique du Sacré-Cœur. La seule chose un peu sûre de lui est qu'il fut le premier évêque d'Athènes, ce qui semble indiquer qu'après le départ de Paul, une petite communauté s'était vite constituée.

De cette communauté primitive, on ne sait à peu près rien. Paul ne reviendra pas à Athènes et le christianisme a longtemps tenu la ville en quarantaine. On ne sait que par recoupement qu'au IIe siècle, un certain Aristide adressa d'Athènes une *Apologie* à Hadrien : on en a découvert la copie syriaque à la fin du XIXe siècle au monastère Sainte-Catherine du Sinaï. Egalement Athénagoras adresse

« On dit que Paul, avant de quitter Athènes, se serait caché dans un trou, qu'on montre, au pied de l'Aréopage, près des ruines d'une basilique dédiée à Denys l'Aréopagite » (p. 151). (Photographie de l'auteur.)

à son tour une *Apologie du Christianisme* aux empereurs Marc-Aurèle et Commode.

Les traces de Paul ne sont pas très importantes à Athènes. Notons-les :

— la petite basilique au pied de l'Aréopage, consacrée à Denys l'Aréopagite. C'est là qu'on trouvera le trou de saint Paul. Il s'agit probablement d'un site paléochrétien, sur lequel la dernière basilique a été reconstruite au XVIe siècle.

— L'Eglise des Saints-Apôtres, dans l'Agora, au pied de l'Acropole, construite au XIe siècle sur les ruines d'un nymphée romain du IIe siècle, restauré en 1956 par l'American School of Classical Studies. Elle contient de remarquables peintures byzantines.

— L'Eglise Saint-Paul, rue Psarou, près de la gare de Larissa, inaugurée en 1910. Elle appartient au culte orthodoxe. On y voit de nombreuses peintures murales représentant la conversion de Paul et son discours à l'Aréopage.

— L'Eglise Saint-Denys de la rue Scoufa, près du square Kolonaki, appartenant également au culte orthodoxe. Une assez belle peinture murale représente le discours de Paul à l'Aréopage.

— L'Eglise Saint-Paul de la rue Philhellénon : récente (1938-43). Culte anglican.

— L'Eglise Saint-Paul de la rue Kokkinaki, quartier de Kifissia. Culte catholique.

— L'Eglise évangélique allemande, 66, rue Sina. Un assez beau vitrail représente Paul devant le Parthénon.

Et surtout, montant à l'Acropole où ils se rejoignent, symbole du triomphe final, le boulevard Denys l'Aréopagite et le boulevard Saint-Paul.

« L'Eglise des Saints Apôtres, dans l'agora,... » (p. 154). (Photographie de l'auteur.)

Eglise Saint-Denis, rue Scoufa : peinture murale représentant le discours de Paul à l'Aréopage (p. 154). (Photographie de l'auteur.)

Eglise évangélique, rue Sina : vitrail représentant, à droite, Paul devant le Parthénon. (p. 154). (Photographie de l'auteur.)

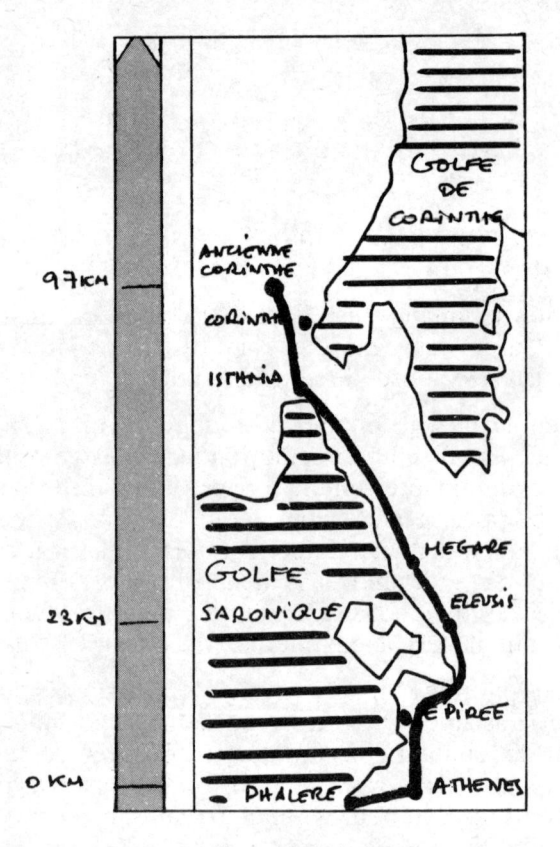

Carte-itinéraire n° 3

CORINTHE

« *Après cela Paul partit d'Athènes et se rendit à Corinthe.* »
(Actes 18 : 1.)

Transition sommaire, bien dans le style de Luc, où il faut voir que Paul n'hésite guère et regrette encore moins. Le « après cela » est lourd de sous-entendus.

Paul renonce donc en bloc, et définitivement, à son projet athénien. Il semble même renoncer à organiser sur place une communauté comme il l'avait fait dans les autres villes, à Philippes, à Thessalonique ou à Bérée. C'est vrai qu'il pouvait alors mandater sur place un ou deux collaborateurs, tandis qu'ici à Athènes, il n'a personne sous la main, ses disciples se faisant toujours attendre. Denys et Damaris sont laissés à eux-mêmes — et à l'Esprit.

Paul, tel qu'on le connaît, vif, nerveux, toujours tendu, facilement irascible, doit être bien contrarié : son esprit au-dedans de lui n'aura pas fini de s'irriter, pour reprendre l'expression de Luc (*Actes* 17 : 16), cette fois non pas à cause de raisons extérieures, mais parce que rien n'a été mené comme il l'entendait. Son dépit vient d'ailleurs moins de ce qu'il a fait que de ce qu'il n'a pas pu faire. Lorsqu'il se sera ensuite confié à Luc, la déception passée et surtout venues les belles victoires corinthiennes, Luc aura cru comprendre et aura retenu que cette grande irritation venait non des contradictions multiples de Paul, mais des

Athéniens et de leur ville pleine d'idoles. Car pour Luc, on le sait, le parti est pris : c'est Athènes qui est cause de tout l'échec.

Autre difficulté : Paul est maintenant à bout de ressources financières, et ce n'est pas son genre de solliciter sur place. Il est resté en bons termes avec les juifs d'Athènes, qui l'ont peut-être aidé quelque temps. Mais Paul n'entend plus désormais prolonger son séjour, d'autant plus que ses activités ne sont pas dans la ligne de la synagogue. C'est probablement eux qui l'auront renseigné sur la plus proche communauté juive, plus importante (à Athènes les juifs ne sont qu'une poignée), où il pourrait trouver des appuis pour exercer son métier. Nous sommes en 51, c'est l'approche des jeux isthmiques : à Corinthe, le travail ne manque pas et les affaires marchent bien. C'est là que se sont rassemblés beaucoup de juifs, chassés de Rome par l'édit d'explusion. Il n'en faut pas plus pour décider Paul, qui n'a plus rien faire à Athènes : si Timothée et Silas viennent sous peu, ils ne manqueront pas de prendre des nouvelles de lui auprès de la communauté juive. Il suffit de laisser un message : rendez-vous à Corinthe.

Rien n'attirait Paul à Corinthe : ni son projet à lui, qui le ramenait sans cesse en pensée vers la Macédoine, ni la réputation de la ville. N'est-ce pas une gageure pour un prédicateur du renoncement, de vouloir mettre les pieds dans cette cité matérialiste réputée pour ses vices ? N'eût-ce point été tenter Dieu que de se rendre délibérément dans le sanctuaire du péché, même pour un si beau prétexte [1] ?

Paul ne se doute évidemment pas du grand succès et de la belle revanche qui l'attendent là-bas. Il ne sait pas que sa

---

1. Opinion toute contraire dans Armogathe, *op. cit.*, qui voit dans Athènes une étape du voyage à Corinthe, conçu dès Bérée.

toute prochaine victoire, celle qui lui rendra son courage et lui permettra de remporter toutes les autres, portera les noms charmants d'Aquilas et Priscille.

En chemin

Athènes-Corinthe : cent kilomètres. Prend-il la route ou fait-il le voyage par mer ? Là encore, on ne sait.

En passant, Paul n'aura pas manqué de remarquer deux choses, dont pourtant le récit ne dit rien. Encore que de la première, on comprend qu'il n'en veuille plus parler : c'est Eleusis, un des hauts lieux de la religion grecque, mais qui reste liée de trop près à la religion d'Athènes, aux processions officielles, à ces « Athéniens-à-tous-égards-extrêment-religieux » dont Paul ne veut plus garder le souvenir.

Aujourd'hui, le temple s'est endormi avec ses Mystères. Personne n'en aura parlé et Sophocle n'aura pas dit grand-chose, Lucien non plus. Le secret a été bien gardé. Du temps de Paul, les cérémonies avaient encore lieu [2], et Eleusis était là, avec le palais de son roi-prêtre, capitale d'un état sacerdotal qui fut longtemps rival d'Athènes. Malgré la haute estime où tout le monde tient encore les Mystères [3], point d'intérêt pour Paul [4], qui ne cherche plus

---

2. Les cérémonies furent interdites pour la première fois sous Théodose au IVe siècle. Le temple fut détruit en 395 par Alaric.
3. Platon respectait la cérémonie des Mystères autant que Cicéron, qui disait d'elle que « non seulement elle apprenait aux hommes de la cité à vivre plus heureux, mais encore leur permettait de mourir dans l'espérance ». On lit dans l'*Hymne homérique à Déméter* : « Heureux parmi les habitants de la terre celui qui a contemplé ces grands spectacles ; mais celui qui n'est pas initié est à jamais privé d'un pareil bonheur, même quand la mort l'a fait descendre dans les sombres demeures. » On se rappelle que tous les Athéniens devaient être initiés, au moins au premier degré : seuls étaient exclus les étrangers et les meurtriers.
4. En ce printemps 51, on venait juste de célébrer les petites Eleusinies. Il est peu probable que Paul n'ait point entendu parler des cérémonies d'Eleusis pendant son séjour à Athènes. Les premières avaient lieu au printemps, au mois

de savante introduction à un prochain discours académique [5].

Après avoir franchi Mégare et ses rudes falaises (là où l'on dit que fut le berceau de la race grecque), Paul, en longeant le golfe d'Egine passait ensuite par le Diolcos, devenu depuis 1893 le canal de Corinthe. On avait à l'époque donné le nom de Diolcos à une voie dallée, par où l'on halait les petits et les moyens bateaux, grâce à tout un système de poulies et de cylindres, leur évitant ainsi de faire le tour du Péloponnèse et de son dangereux cap Malée [6]. La percée d'un canal, qui avait été imaginée dès le VIIe siècle avant notre ère, souhaitée par Alexandre [7] et Néron [8], n'avait jamais été menée à bien en raison de superstitions [9], dont la plus tenace fut d'origine scientifique, puisque Pythagore avait assuré que le niveau de la mer ionienne étant de 30 cm plus haut, le trop-plein se déverserait dans la mer Egée et emporterait l'île d'Egine.

---

d'Antestérion (février-mars), les autres en septembre (les grandes Eleusinies, du 13 au 23 Boédromion). C'est à l'occasion des grandes Eleusinies qu'avait lieu par la voie Sacrée la fameuse procession qui allait d'Eleusis à l'Acropole, présenter les objets sacrés aux pieds d'Athéna. Diverses cérémonies avaient lieu à l'agora (au Stoa poikilé) et à Phalère, en suite de quoi se déroulait aux flambeaux la grande procession nocturne du retour, de la porte Sacrée à Eleusis, où avaient lieu les initiations. Les cérémonies d'Eleusis marquaient profondément la vie religieuse des Athéniens, du fait que tout citoyen d'Athènes devait en principe être initié au premier degré.

5. Nous avons traité à plusieurs reprises des emprunts des Epîtres pauliniennes au vocabulaire de la langue des Mystères : voir notamment *La Métaphore du Miroir dans les Epîtres de saint Paul aux Corinthiens*, p. 48 ; *Saint Paul et la Culture grecque*, p. 142 ; *Commentaire de l'Epître aux Colossiens*, p. 45, n. 127 ; *Commentaire de l'Epître aux Ephésiens*, p. 125.

6. Strabon cite un vieux proverbe : « Quand tu doubles Malée, dis adieu aux tiens. »

7. PAUSANIAS, *Corinthe,* II, 1, 6.

8. Néron vint en personne, en 67, inaugurer les travaux (avec une pelle d'or !) Il est à noter que Vespasien lui avait envoyé en renfort 6 000 prisonniers juifs originaires de Galilée les travaux ont dû être commencés par les fils d'hommes qui ont pu entendre prêcher le Christ.

9. « Celui qui essaie de faire du Péloponnèse une île mourra avant d'avoir fini de creuser l'isthme » PAUSANIAS, *Corinthe,* II, 1, 5, 6.

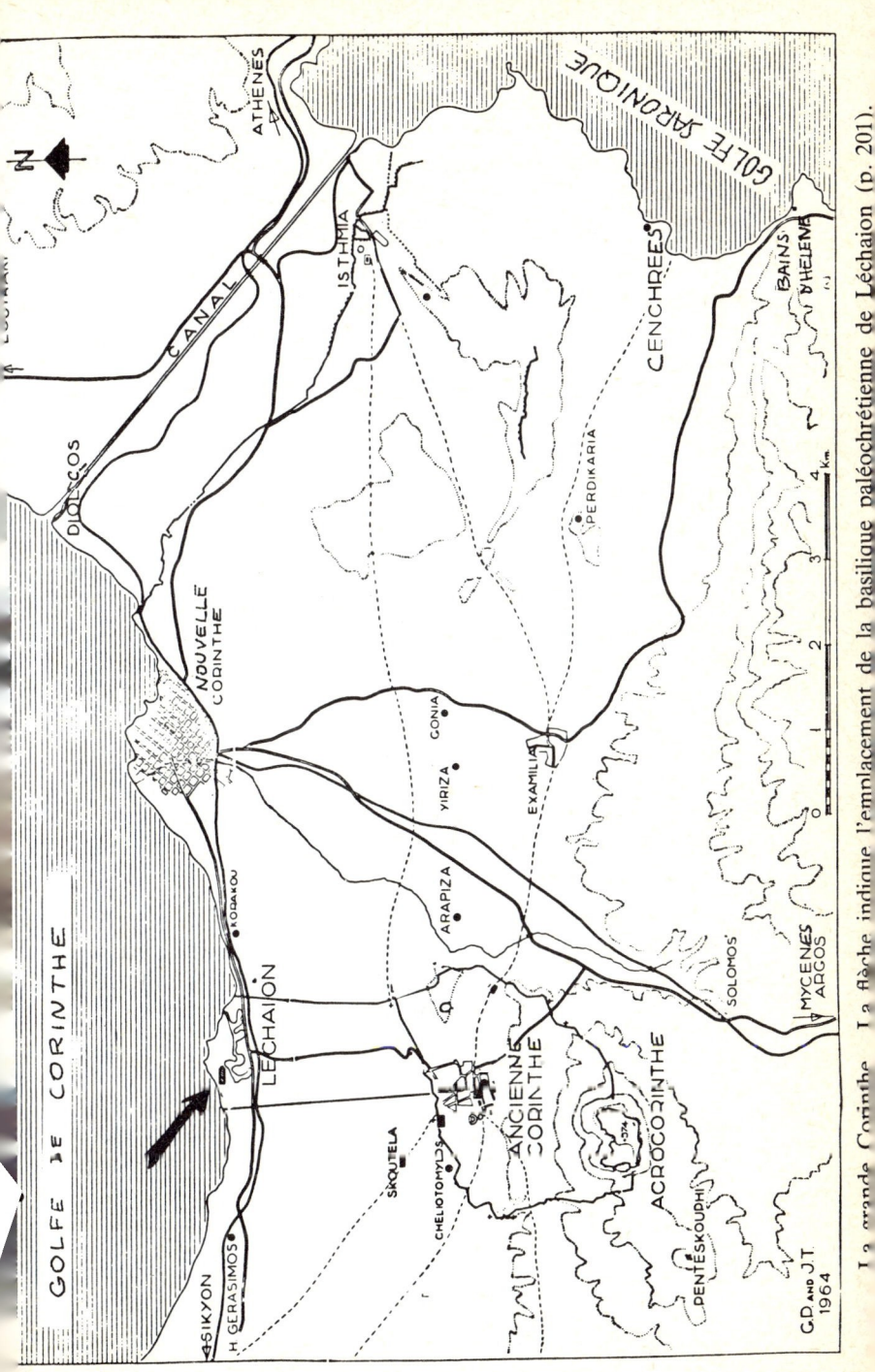

La grande Corinthe. La flèche indique l'emplacement de la basilique paléochrétienne de Léchaion (p. 201).

On s'était donc contenté, et Néron à son tour, d'une voie dallée dont on voit encore les vestiges au point où le canal débouche dans le golfe de Corinthe.

On peut croire que les Corinthiens s'étaient fort accommodés de ce système, car la cité percevait de forts droits de péage pour le transit des petits bateaux, et pour les gros, le transbordement des marchandises. Cette activité avait contribué à développer quantité de petits métiers où tout le monde retrouvait son compte.

La cité

On comprend l'importance prise par Corinthe, alors capitale de l'Achaïe, d'une part sans doute par sa position stratégique puisqu'elle contrôlait l'isthme qui reliait le Péloponnèse au continent ; mais d'autre part et surtout, par sa position privilégiée en plein cœur du commerce méditerranéen. Le canal était la clé du commerce dans l'antiquité entre l'est et l'ouest, sur la route de l'Egypte et de l'orient. Dominé par le piton de l'Acrocorinthe, qui ressemble comme un frère à celui de Gibraltar, surplombant à 600 mètres, Corinthe était, dit Strabon, « le verrou de la Grèce ».

Rien ne confirme mieux cette impression que de monter par ce chemin mal goudronné au sommet de l'Acrocorinthe. Laissons parler Sir James Frazer, l'éditeur de Pausanias. Il a laissé du panorama une description désormais classique :

> « La vue qu'on découvre du sommet de l'Acrocorinthe est célèbre depuis l'époque de Strabon, qui l'a décrite exactement. A vrai dire, le somptueux premier plan vers lequel s'abaissaient ses regards a disparu. La majestueuse cité, avec ses temples, ses jardins en terrasses, ses portiques, ses

fontaines, n'existe plus ; à sa place règne l'étendue basse et jaunâtre et l'isthme qui s'allonge, tel un pont sur la mer, jusqu'à l'endroit où les monts Géraniens tapissés de pins vert sombre surgissent tout à coup, projetant vers l'ouest comme une puissante barrière un long promontoire qui s'avance fort loin dans les eaux bleues du golfe. Au nord, les cimes aiguës du Cithéron et de l'Hélicon dominent la Béotie. Au nord-ouest, le Parnasse dresse sa tête massive, étincelante de neige jusqu'à la fin du printemps, grise et dénudée pendant l'été. Tout à l'ouest, on distingue les monts de Locride et d'Etolie, qui semblent rejoindre au sud ceux du Péloponnèse, transformant ainsi l'aspect du golfe de Corinthe en celui d'un lac ceint de montagnes. Au sud-ouest, dominant les collines de Grèce, piquées de pins sombres, se dressent les sommets neigeux du Cyllène et de l'Aroania, en Arcadie. Au sud, la perspective est limitée par les hauts plateaux et les collines de l'Argolide, disposés en chaînons non parallèles dont les pieds se couvrent de blé au printemps, et le sommet de broussailles. A l'est, on distingue Salamine ainsi que l'île d'Egine aux cimes élancées. Dans cette direction, la vue est barrée par les monts de l'Attique : crête de l'Hymette et sommets plus pointus du Pentélique et du Parnès, cependant qu'à leurs pieds, à quatre-vingt kilomètres de là, par temps clair, le Parthénon se détache nettement sur l'Acropole, dominé par le pinacle du mont Lycabette, que couronne sa chapelle d'un blanc étincelant [10]. »

Corinthe sut très vite tirer parti de son exceptionnelle situation en percevant des péages, probablement fort élevés, sur tout le trafic de marchandises et de personnes qui transitaient autant par voie de terre entre le continent et le Péloponnèse, que par l'isthme entre l'est et l'ouest.

---

10. James FRAZER, *Sur les Traces de Pausanias*, trad. G. Roth, Paris, 1922, p. 213-214.

On ne se rend compte qu'à peine, aujourd'hui, dans ce site désolé, des gloires antiques de Corinthe, ni de la place occupée par la cité dans la vie nationale. Que reste-t-il par exemple des ports de Léchaion et de Cenchrées, où les mâts paraît-il étaient si denses qu'on aurait cru voir une forêt de pins ?

Outre que la Grèce entière accourait à l'époque des jeux isthmiques, tous les deux ans :

— à Corinthe d'abord, où le plan de la cité révèle une piste de course, probablement utilisée encore vers 150 avant notre ère[11], recouverte ensuite par l'esplanade de l'agora lors de son extension à l'époque d'Hadrien[12] et d'Hérode Atticus : on voit encore nettement la ligne de départ juste au-dessus de la fontaine Pirène[13] ;

— à Isthmia ensuite, sous l'administration de Corinthe[14], dès 582 avant notre ère et régulièrement à partir du ve siècle, en hommage à un héros désigné sous le nom de Palémon, le Lutteur, dont le monument s'élevait à

---

11. Corinth, *Results of excavations conducted by the American School of Classical Studies in Athens*, Princeton N.J. and Harvard University Press, 1931. Voir Plan de Corinthe aux environs de 150 BC publié également dans *Corinth, a brief History of the City and Guide to the Excavations*, American School of Classical Studies, Athènes, 1969 (révisée), p. 7, fig. 3.

12. *Ibid.*, p. 8, fig. 4.

13. Voir plan de l'agora, ci-dessous, p. 172. L'agora romaine a été surélevée d'environ 1 m. La ligne de départ d'un stade grec est constituée par une rangée de blocs de pierre calcaire, comportant des trous creusés à même la pierre, où les athlètes plaçaient l'extrémité de leurs pieds. Ce stade grec était construit sur l'emplacement d'un autre plus ancien, orienté différemment (*Guide bleu*, p. 392) : des traces de roues sur le pavement donnent à penser qu'il s'y déroulait des courses de chars.

14. Les services administratifs des jeux se tenaient dans le portique sud (voir plan p. 172) dans le lieu dit local des Agonothètes, connu aussi sous le nom de Maison des Mosaïques (voir Saul WEINBERG, *The Mosaïc House*, 1960, dans *Corinth, Results of Excavations*, vol. 1). PAUSANIAS (II, II, 2) précise qu'après le sac de Corinthe les jeux continuèrent d'avoir lieu, mais sous la direction des Sicyoniens, et que c'est lors de la reconstruction de Corinthe que cet honneur lui revint.

proximité du Stade, contre le mur du temple de Poséidon [15].

Les jeux isthmiques rivalisaient avec ceux d'Olympie. Poséidon en aurait été le fondateur [16] et il y avait son temple [17]. Athènes, la grande rivale d'autrefois, y avait pour ses délégués droit de proédrie. Les jeux étaient devenus la rencontre officielle de la Grèce et eurent un rôle politique de premier plan : en 336, Alexandre y fut nommé général de tous les Grecs contre les Perses ; en 196 avant notre ère, Flaminius y proclama l'indépendance de la Grèce, qui y fut confirmée par Néron en 67 de notre ère.

On voyait chaque deux ans venir en foule non seulement des Grecs et des Romains (admis à concourir dès 228 avant notre ère) mais des levantins de tous bords, profitant de leurs déplacements commerciaux. Le commerce et les jeux avaient réellement fait de Corinthe une ville internationale.

Mais Corinthe devait aussi sa richesse, sinon sa bonne réputation, à son célèbre culte d'Aphrodite, célébré en partie sur l'acrocorinthe (encore que Strabon signale que le temple était tout petit et n'était à l'origine qu'un tabernacle de l'Astarté syrienne) et surtout en ville, par une

---

15. Voir fig. 169 reconstitution du Palemonion par Grulich, dans *Isthmia, Excavations by the University of Chicago under the Auspices of the American School of Classical Studies at Athens,* by Oscar BRONEER, Princeton, N.J. (3 volumes à ce jour publiés 1971, 1973, 1977).
16. D'autres traditions disent que c'est Sisyphe (PAUSANIAS, II, I, 3), et Athènes prétendit dans sa version à elle que ce fut Thésée (voir *Guide bleu,* p. 38).
17. Voir reconstruction du temple de Poséidon par W. B. DINSMOOR, Jn. ci-dessous, p. 168. L'isthme fut consacré à Poséidon, à la suite d'une querelle entre lui et le soleil (PAUSANIAS, II, I, 6-7) Le soleil (Apollon) reçut en partage la ville haute, où se trouve son temple. Quant au temple de Poséidon à Isthmia, dont on ne voit que les fondations, il fut bâti dans son dernier état sur l'emplacement d'un temple archaïque, détruit par un incendie en 475 avant notre ère. On se souvient que c'est à partir de cet incendie, où les métaux en fusion, argent, or et bronze, avaient composé spontanément un alliage inimitable, que la littérature a commencé à parler de l'*aes corinthium,* qui servit aux meilleures armes.

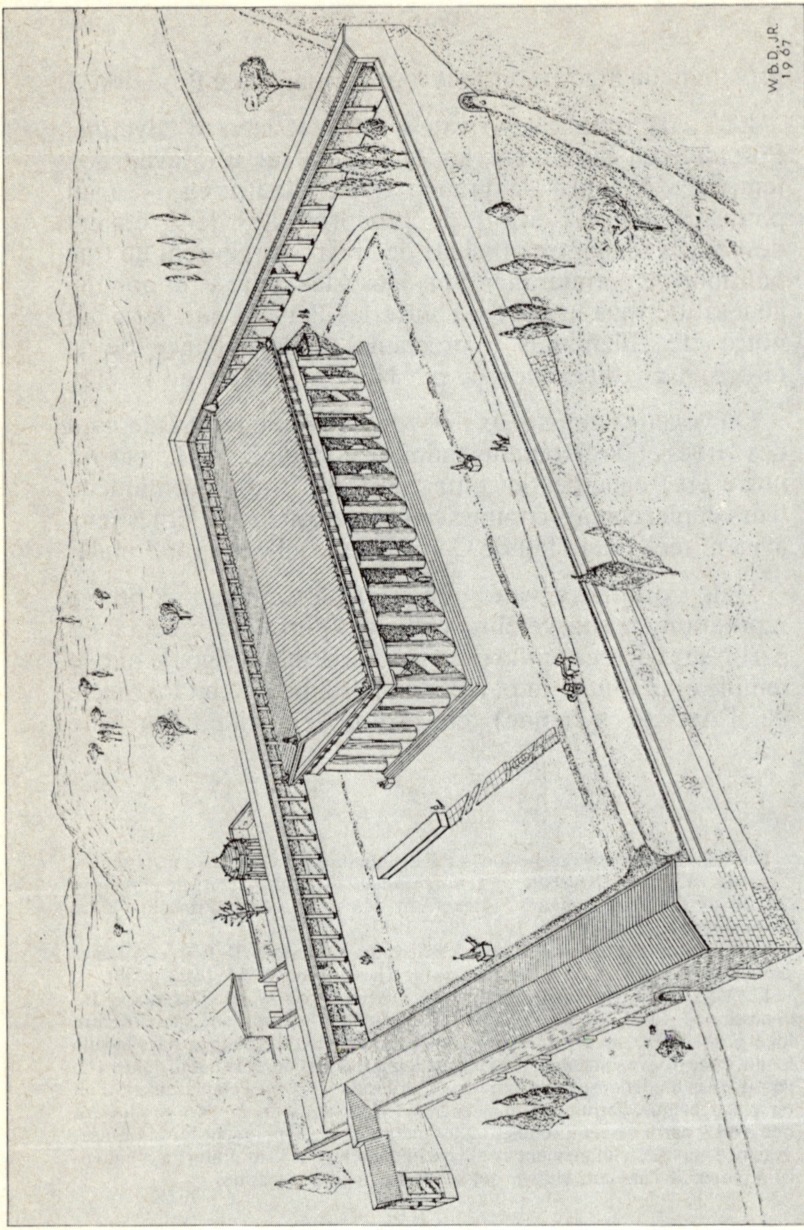
W.B.D. JR.
1967

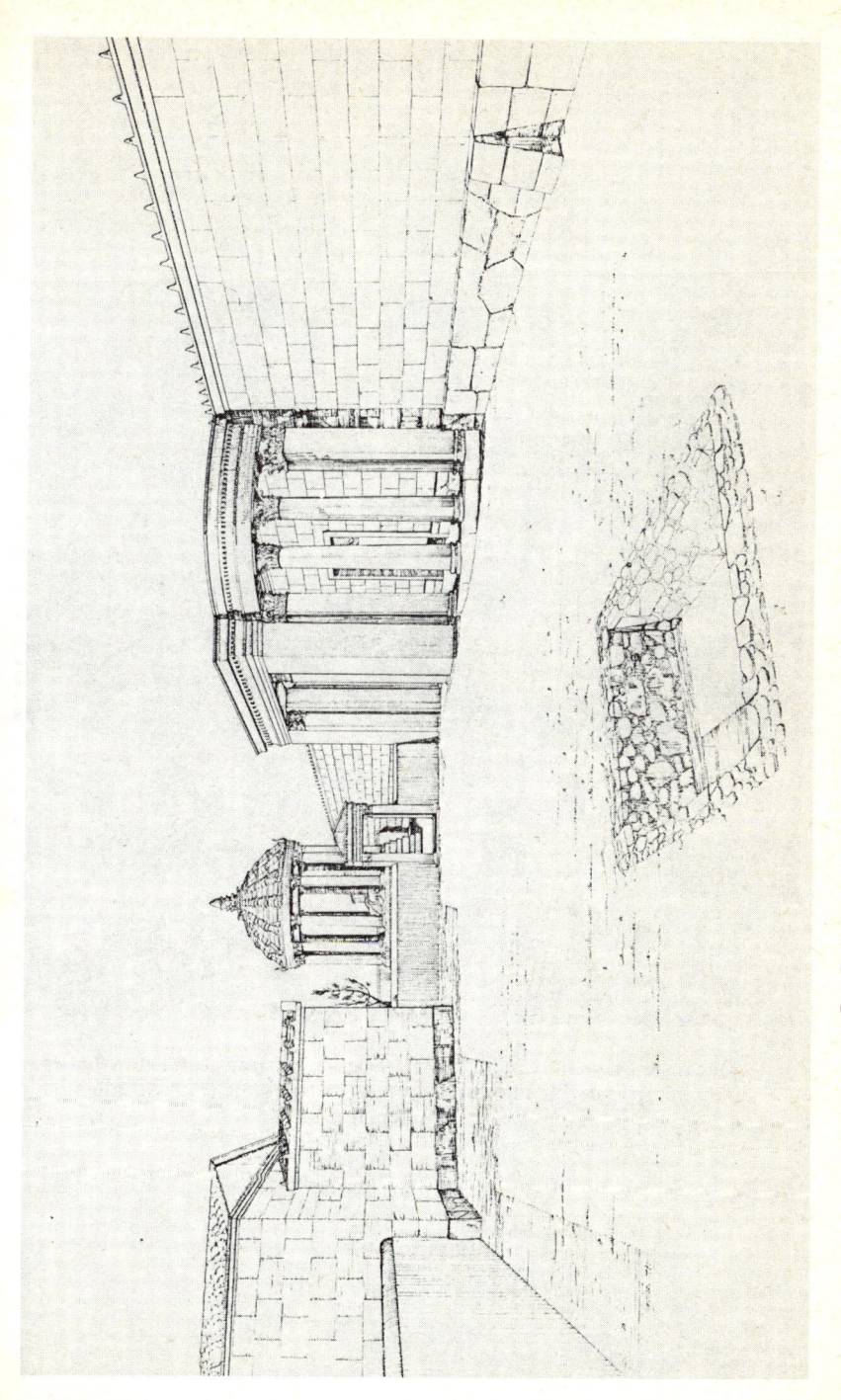

Le Palémonion, vu de l'est, selon A.G. Grulich.

« Que reste-t-il du port de Léchaion, où les mâts paraît-il étaient si denses qu'on aurait cru voir une forêt de pins ? » (p. 166). (Photographie de l'auteur.)

communauté d'environ un millier de ce qu'on appellerait non sans ironie des hiérodules, toutes prostituées sacrées qui possédaient un statut honorable et étaient respectées en ville. Laïs, la célèbre courtisane, y avait son tombeau que Pausanias décrit surmonté d'une lionne agrippée à sa proie[18]. La vie de luxe y était devenue très chère, dès le temps d'Homère, où la réputation de Corinthe existait déjà. Il semble que c'est Aristophane qui avait fabriqué le proverbe, repris si volontiers par les Romains : *Non licet omnibus adire Corinthum,* « il n'est pas donné à tout le monde de se rendre à Corinthe[19]. » « Corinthianiser » était devenu synonyme de mener la grande vie, dépenser follement son argent ; un « corinthitès » dans l'argot des marins désignait un proxénète[20] et le « mal corinthien » c'était bien sûr, les maladies vénériennes[21].

Il ne reste pas grand chose de tout ce luxe. Les tremblements de terre ne cessent d'être destructeurs (les plus durs eurent lieu en 1858 et 1928), et la ville en se reconstruisant sur ses ruines, se déplaçait chaque fois vers le golfe en diminuant d'importance. Aujourd'hui, la Corinthe moderne ne compte guère plus de 15 000 habitants, elle est à six kilomètres du site archéologique, que signale à peine aux yeux les seules colonnes de style d'ailleurs dorique[23] qui restent du temple d'Apollon.

Le sol même paraît ingrat, quand les chaleurs de l'été lui donnent cette teinte poudreuse et triste, et que le recouvre cette fine poussière de l'argile corinthienne, la plus fine, la plus pénétrante de toute la Grèce. Il paraît que peu de temps après le passage de Paul, encore embellie par la

---

18. Pausanias, II, I 4-5.
19. Horace, *Epîtres* 4, 3-12.
20. Armogathe, *Op. cit.*, p. 124.
21. C. Charmes, *Op. cit.*, p. 209.
22. Aucune trace, c'est vrai, encore debout, d'une colonne au célèbre chapiteau corinthien.

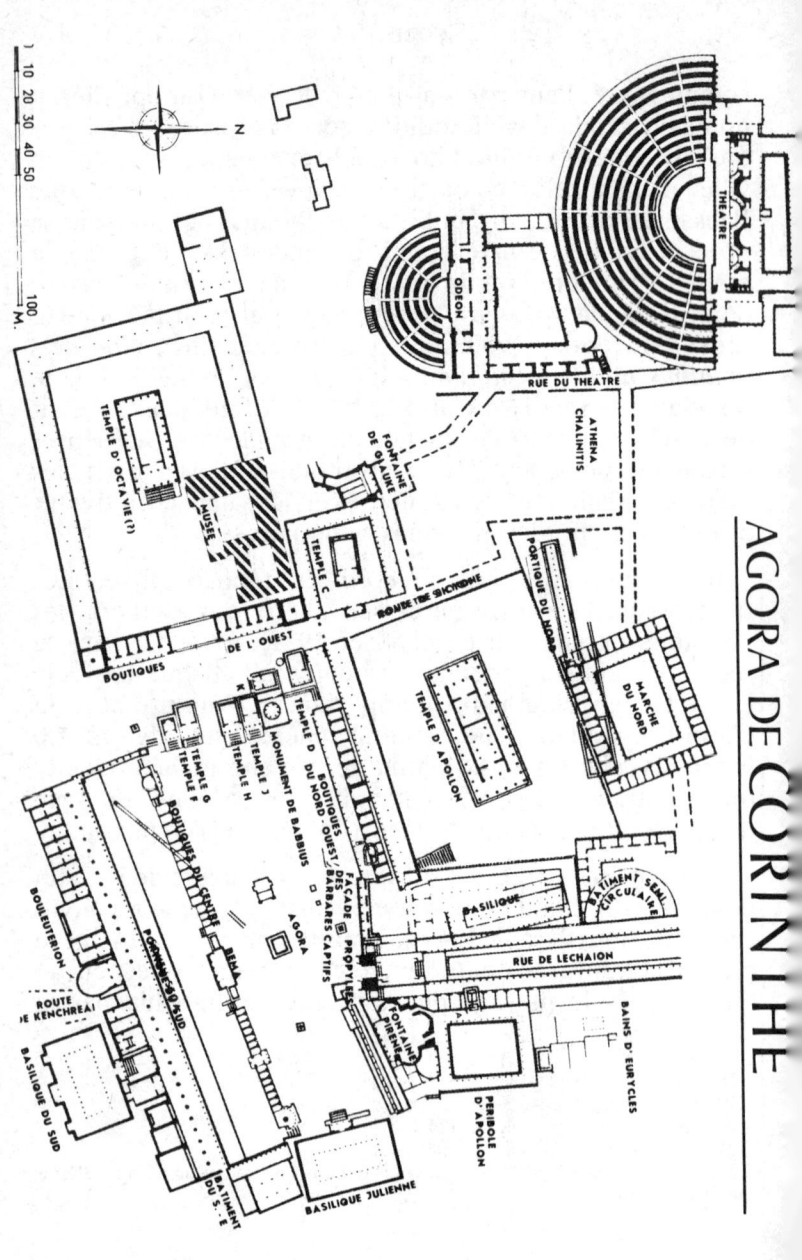

Plan de l'agora de Corinthe. A gauche, le Théâtre et l'Odéon, au centre le temple d'Apollon, à droite, la rue de Léchaion (publié par l'École américaine d'Études classiques, à Athènes).

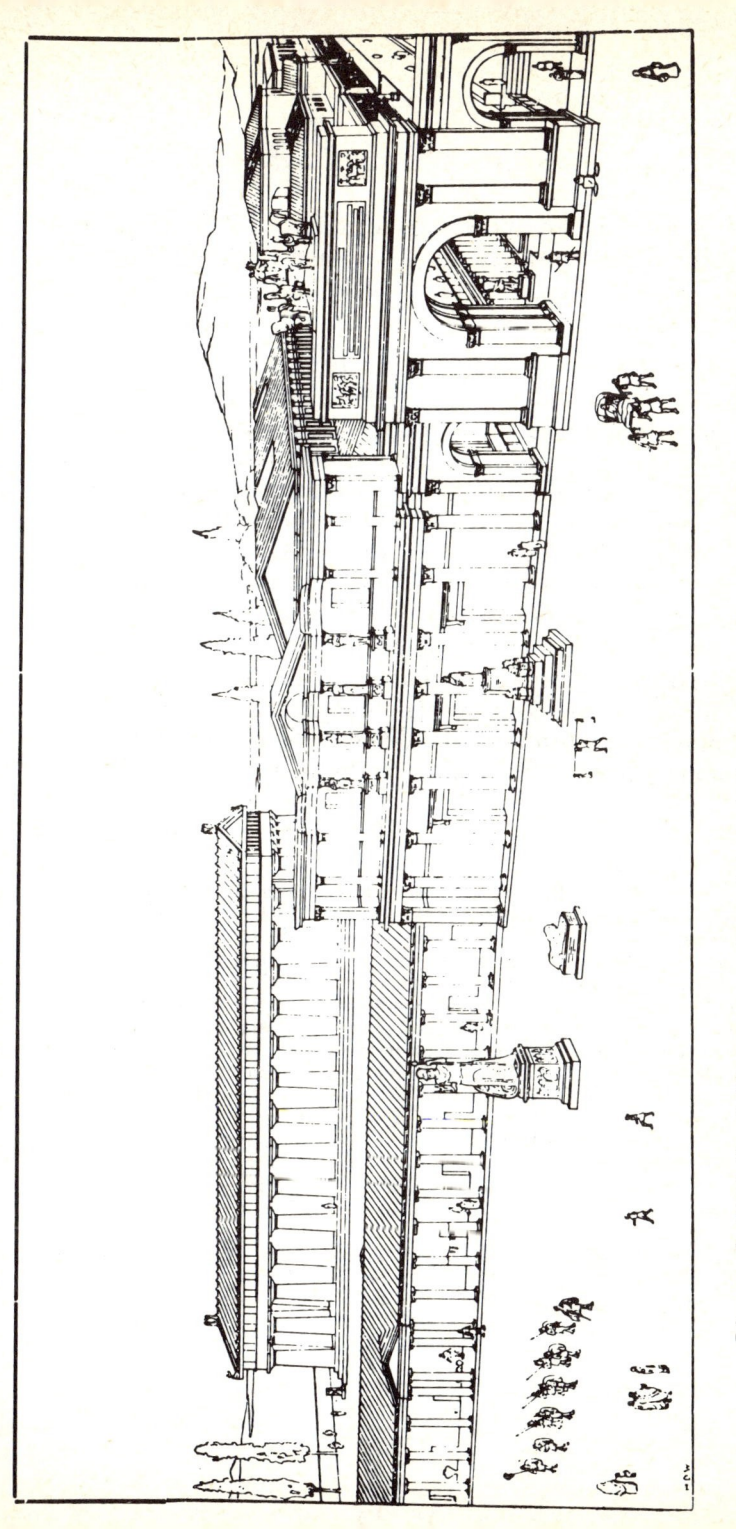

L'agora de Corinthe, à l'époque romaine, côté nord. A gauche, à l'arrière-plan, le temple d'Apollon ; devant, les boutiques du nord-ouest. Au centre, la façade des Barbares captifs. A droite, les Propylées (Reconstruction de H.D. Wood, publiée par l'*Ecole américaine d'Etudes classiques*, dans « Corinth, A brief History of the City and a Guide to the Excavations », Athènes, 1969).

générosité de l'empereur Hadrien et d'Hérode Atticus, Corinthe fut considérée comme l'une des plus belles cités de la Grèce. Aujourd'hui, la visite du site a quelque chose de désolant.

C'est l'*Ecole américaine des Etudes classiques* qui est chargée des fouilles depuis 1896 [24]. La surface explorée ne comprend qu'une faible partie de l'ancienne cité [25], qui devait être construite de cette argile molle, d'abord parce qu'il n'y a pas de marbre à Corinthe [26], ensuite parce que c'est un matériau qui cause moins de dégâts quand la terre tremble [27]. En revanche, le site actuel, s'il n'est pas de grande surface et donne mal l'idée de cette immense cité de l'antiquité, correspond au centre administratif : on y voit l'agora [28], les vestiges du béma [29], cette immense tribune où le gouverneur romain apparaissait en public (où Paul et Gallion se rencontrèrent), le temple d'Apollon, des fontaines, la fontaine de Glauké, la source Pirène, des établissements de bains, notamment ceux d'Euryclès,

---

24. Nous avons déjà renvoyé plusieurs fois à l'excellente publication, *Corinth, Results of excavations conducted by the American School of Classical Studies in Athens,* Princeton, N.J. and Harvard University Press.

25. Surtout si l'on tient compte que des longs murs servaient d'enceinte à Corinthe englobant les ports de Léchaion ou de Cenchrées : on en voit le tracé à Isthmia, derrière le temple de Poséidon. C'était l'Hexamilion, longueur estimée : 40 km. A comparer avec l'enceinte de Thémistocle à Athènes : 8 km (voir p. 163).

26. Ce n'est qu'à l'époque de la reconstruction de la ville par Jules César en 44 avant notre ère que le marbre avait été importé, principalement de l'Attique. Il fut surtout utilisé pour le dallage de l'agora et de la rue de Léchaion, où on le voit encore.

27. Fut notamment détruite toute cette zone industrielle connue sous le nom de « quartier du potier », à l'ouest-sud-ouest de la ville, en direction de l'acrocorinthe. C'était là le centre de fabrication des fameux vases corinthiens, exportés dans tout le bassin méditerranéen, jusqu'en Espagne (voir *Corinth, Results of Excavations,* vol. Pottery).

28. Voir ci-dessus, p. 172. L'agora grecque avait été élargie et embellie à l'époque d'Hadrien, et l'esplanade surélevée d'un mètre, et recouverte de marbre. Sa surface est d'environ 200 m × 100 m.

29. Voir p. 174.

Le Béma, tribune monumentale où le gouverneur romain apparaissait en public. Ce monument a été comparé aux Rostres, tribune aux harangues de Rome. Dans le fond, l'Acrocorinthe, verrou montagneux, accessible seulement par l'ouest. C'était déjà au viie siècle une citadelle considérée comme imprenable. Plutarque dit qu'elle n'était gardée que par 400 hommes et 50 chiens. (Photographie de l'auteur.)

La rue de Léchaion donnait sur l'agora par des Propylées en forme d'arc de triomphe monumental, surmonté de deux chars de bronze, l'un de Phaéton l'autre d'Hélios. La rue elle-même était bordée par une basilique, ici à droite, et un établissement thermal de l'autre côté, les bains d'Euryclès dont Pausanias dit qu'ils étaient les plus beaux de Corinthe. Cette grande avenue de 12 m de large, revêtue de grandes dalles disposées par rangées de 8, conduisait au port de Léchaion par une succession de gradins. C'est la raison pour laquelle on ne voit pas de traces de chars. En revanche, les canalisations latérales, destinées à l'écoulement des eaux, sont en parfait état. (Photographie de l'auteur.)

La fontaine Pirène fut l'un des plus beaux monuments de la ville romaine : « la source est ornée de marbre blanc, et on y a fait des portiques comme pour des grottes : c'est de là que les eaux jaillissent, dans un bassin. Elles sont agréables au goût » (Pausanias, II, 2, 3.) Elle fut sans cesse embellie : on voit aujourd'hui les vestiges du splendide aménagement d'Hérode Atticus, au IIe siècle. C'était aussi le lieu d'un oracle célèbre, l'eau de la fontaine Pirène ayant la réputation d'être miraculeuse ; elle était aussi particulièrement réputée pour la fabrication de l'*aes corinthium,* alliage à base de bronze. La mythologie rapporte que la nymphe Pirène était la fille d'Achélaos, dieu du fleuve, et qu'elle fut la mère de Léchaion et de Cenchrées (Pausanias, *ad loc.*).

La source Pirène, au second siècle avant notre ère (reconstitution de G.P. Stevens, publiée par *l'Ecole américaine d'Etudes classiques*, dans : « Corinth, A brief History of the City and a Guide to the Excavations », Athènes, 1969).

La source Pirène à l'époque d'Hérode Atticus (reconstitution de G. P. Stevens, publiée par *l'Ecole américaine d'Etudes classiques*, *op. cit.*).

réputés pour leur beauté [30], des portiques (le célèbre portique du sud [31] avec ses 164 m de long et ses 71 colonnes ioniques donnant sur l'agora, où se trouvaient les services administratifs de la cité), des places pour les jeux, le Sénat, des magasins (déjà 33 derrière le portique du sud, d'autres le long de la rue de Léchaion).

Telle était la ville où abordait Paul. A son époque, la cité était pratiquement neuve, et devait être splendide. Plusieurs fois détruite par des tremblements de terre et des incendies, mise à sac en 146 avant notre ère par les Romains [32], longtemps laissée déserte avant d'être reconstruite par César [33], elle n'était toutefois plus à proprement parler une ville grecque [34].

A la fin du IIe siècle de notre ère, l'empereur Hadrien et Hérode Atticus en firent une des plus belles cités de la

---

30. « Les Corinthiens ont des bains en beaucoup d'endroits de la cité ; certains sont faits par la municipalité, un autre est dû à l'empereur Hadrien. Mais les plus célèbres sont ceux d'Euryclès, un homme de Sparte, qui les a embellis de pierres précieuses de toutes sortes, notamment celles qu'on extrait à Grocée en Laconie. » (PAUSANIAS, II, 3, 5.)
31. Le portique avait été bâti en 338 après la victoire de Philippe de Macédoine à Chéronée : Corinthe était alors devenue la capitale de la Ligue panhellénique et c'est dans ce portique que se rassemblaient les délégués des confédérés.
32. Au IIIe siècle avant notre ère, Corinthe était la capitale de la Ligue achéenne, qui entre en conflit avec Rome au Moyen-Orient. A la suite de la victoire romaine, il y eut des représailles contre Corinthe.
33. Jules César donna l'ordre de reconstruire Corinthe en 44 ; il y implanta une colonie romaine et en fit la capitale de l'Achaïe *(colonia laus Julia corinthiensis)*. En fait il s'agit plus d'une reconstruction : César est appelé par Pausanias « le fondateur de la Corinthe moderne » (PAUSANIAS, II, 3, 1).
34. Déjà au témoignage du même Pausanias (II, 3, 1-2) : « Corinthe n'est plus habitée par aucun des anciens corinthiens, mais par des colons envoyés par les Romains. Ce changement est dû à la Ligue achéenne. Les Corinthiens en étaient membres, et firent partie de la guerre contre les Romains. C'est Critolaos, désigné comme général en chef des Achéens, qui avait tout provoqué en incitant à la révolte des Achéens et la majorité des Grecs hors du Péloponnèse. Lorsque les Romains gagnèrent la guerre, ils ordonnèrent le désarmement général de la Grèce et le démantèlement des murs de toutes les villes fortifiées. Corinthe fut mise à sac par Mummius, qui commandait alors les armées romaines dans cette région, et on dit qu'elle fut ensuite reconstruite par César, qui fut l'auteur de l'actuelle constitution de Rome en ce qui nous concerne. »

Grèce ; mais déjà à cette époque, c'est une ville plus grande qu'Athènes, s'étendant sur plus de 10 km, avec une double rangée de murailles qui la relie au port de Léchaion.

En fait, Corinthe offrait à l'apôtre Paul un contraste total avec Athènes. Ce n'était point la vieille cité intellectuelle, fière de son passé et de ses traditions, mais une cité neuve, riche, commerçante, officiellement romaine, remplie de gens de tous les coins du monde rassemblés ici pour l'argent et le plaisir, une ville internationale avec ses trafics et ses vices, la capitale du matérialisme où l'argent donne tout.

Mais quand Paul arrive à Corinthe, après l'échec d'Athènes, c'est poussé par la nécessité. Certes le travail ne doit pas manquer pour les gens de sa spécialité, car Corinthe se prépare à célébrer les jeux isthmiques. Mais pauvre Paul quand même, prophète des temps nouveaux, que seul le recul de l'histoire rendra à son vrai destin. Il vint dans cette cité, où l'argent coulait à flot et se dépensait pour le plaisir, comme un simple tâcheron. Sans cesse chassé, errant, rejeté, fatigué de coups et de privations, sans un lieu où demeurer, et par là-dessus moqué comme il vient de l'être, il arrive, dit-il «dans un état de faiblesse, de crainte et de grand tremblement» (1 *Cor.* 2 : 3). Il n'a d'ailleurs pas l'intention de rester : il confie à ses amis de Thessalonique qu'il a le désir de les revoir dès que possible (1 *Thess.* 2 : 17, 18). Pour l'instant, il attend avec anxiété Silas et Timothée. Et il faut qu'il trouve du travail.

Il est certainement au plus bas de son moral.

Aquilas et Priscille

C'est à ce moment que Paul va rencontrer Aquilas et Priscille. Il connaissait peut-être leur adresse, qui aura pu lui être donnée par les amis juifs d'Athènes : il ne savait pas qu'ils deviendraient des amis « à la vie à la mort »[35], et quel rôle ils auraient dans sa vie.

> « *Il trouva là un homme nommé Aquilas, originaire du Pont, récemment arrivé d'Italie avec sa femme Priscille, parce que Claude avait ordonné à tous les juifs de sortir de Rome. Il se lia avec eux, et comme ils avaient le même métier, il demeura chez eux et y travailla : ils étaient faiseurs de tentes.* » *(Actes* 18 : 2-3.)

Cet édit de Claude permet de situer le moment, puisqu'il date de peu avant 50. Il vient d'avoir lieu. Le temps qu'Aquilas et Priscille viennent s'installer à Corinthe, où ils sont « chez eux » (v. 3) : nous sommes bien au printemps 51, date que viendra confirmer une inscription lapidaire concernant le proconsulat de Gallion[36].

Quant à cette expulsion elle-même, qui fit grand bruit, elle a des causes troubles. Le prétexte officiel fut celui d'agitations venant d'orient. Les juifs en firent les frais. Certains historiens, dont Suétone[37], disant que la cause de ces agitations tournait autour d'un certain Chrestus, les juifs furent chassés en même temps que les chrétiens et peut-être à leur place : le fait qu'Aquilas et Priscille semblent déjà avoir connu l'Evangile va dans ce sens. Encore que nous sommes très en-deçà des persécutions officielles contre le christianisme, les chrétiens ne présentant guère à cette époque de danger pour l'Etat (l'ont-ils jamais présenté ?). Mais on sent que des raisons plus obscures ont décidé Claude, et probablement celle-ci : comme on sait que les juifs étaient devenus à Rome les bailleurs de fonds et que toutes les grandes familles

---

35. *Romains* 16 : 4.
36. Voir ci-dessous, p. 191.
37. SUÉTONE, *Vie de Claude* 10.

n'avaient pas fini de s'endetter, l'Empereur, cédant aux pressions des patriciens de son entourage, trouva efficace et astucieux d'effacer toutes les dettes publiques et privées en expulsant en bloc les juifs de Rome, sous le prétexte de quelque raison d'Etat.

*
* *

La rencontre d'Aquilas et Priscille fut capitale pour Paul. On le sent reprendre un nouveau courage. Nul doute qu'il sait maintenant pourquoi il est venu à Corinthe : non seulement il retrouve des amis, des ressources par son travail, mais un grand projet missionnaire va renaître. Par Aquilas et Priscille, il a des nouvelles de Rome, où ils ont vécu longtemps. Une certaine tradition dit Priscille issue d'une riche famille romaine [38]. De Rome donc on parle, et Paul rêve ; il sent vibrer en lui de nouvelles ardeurs, que l'échec d'Athènes, tout compte fait, aura laissées intactes. La marque des grands desseins, c'est de toujours renaître, toujours tout neufs. Athènes n'aura été qu'une erreur d'appréciation : à l'insolente capitale de la culture et de la philosophie, de réputation surfaite, vient maintenant se substituer Rome, capitale de l'Empire.

C'est donc à Corinthe, en compagnie d'Aquilas et Priscille, que Paul conçut le projet d'aller à Rome. Sans doute va-t-il s'agir de consolider d'abord l'œuvre en Grèce du Nord, ce à quoi il va s'employer dès que Timothée et Silas seront venus lui donner des nouvelles : ils ne sauraient tarder. Il ne restera pas longtemps à Corinthe, il repartira en Grèce du Nord, les Thessaloniciens l'attendent [39] : mais le nouvel objectif sera Rome. Tout cèdera désormais à cette détermination.

---

38. MORTON, *op. cit.*, p. 252.
39. 1 *Thess.* 2 : 18, voir ci-dessus, p. 84.

Le temple d'Apollon à Corinthe. (Photographie Michel Grisier.)

Et le soir, en attendant, quand vient après le travail la joie du mercenaire, il descend au port de Léchaion, regarder les galères qui viennent de Rome, ou y repartent ; il écoute, demande des nouvelles, se mêle à ce va-et-vient de gens qui ont encore les yeux tout pleins des spectacles de là-bas, qu'il se veut désormais.

Peut-être l'aurait-on vu travailler dans une de ces boutiques qui bordent la rue de Léchaion, ou vers le péribole d'Apollon, de l'autre côté, là où l'on a retrouvé des coquillages utilisés par les fabricants de couleurs [40]. Ce

---

40. Jean BOUSQUET, dans *Guide bleu,* p. 390.

qui laisse à supposer que c'était là le quartier des petits artisans. Aquilas avait peut-être son atelier dans un quartier juif, que certains situent du côté de la fontaine Pirène[41] ; ou plus à l'écart, dans une de ces maisons blanchies à la chaux : on n'a pas retrouvé de trace sûre de la synagogue. D'ailleurs, les juifs vivaient-ils groupés dans un quartier précis[42] ?

Quel était le métier de Paul ? Aquilas et lui, dit le texte de Luc, étaient « faiseurs de tentes » (σκηνοποιοί : *Actes* 18 : 3). On peut hésiter sur la traduction. Origène dit qu'ils étaient « coupeurs de cuir » ; la Peschitta traduit par « fabricants de courroies » (qui servaient aux sommiers) ; d'autres disent qu'ils étaient « fabricants de voiles », ou « de tapis »[43]. Quelle que soit sa spécialité, il avait donc un métier manuel, comme il est de tradition dans les bonnes familles juives[44]. Ne l'imaginons pas petit patron : il a dû s'engager comme employé d'Aquilas, qui était installé là depuis quelques temps. Avec le port, et les jeux, le travail ne devait pas manquer.

Si Paul travaille de ses mains, c'est par principe, pour assurer son indépendance. Il s'en explique aux Thessaloniciens, dans une lettre écrite de Corinthe, peu de temps après :

> « *Vous savez vous-mêmes comment il faut nous imiter : car nous n'avons pas vécu chez vous n'importe comment. Nous n'avons mangé le pain de personne, mais dans le travail et dans la peine, nous avons été nuit et jour à l'œuvre pour n'être à charge à aucun de vous. Ce n'est pas que nous n'en eussions le*

---

41. C. Charme, *Paul*, p. 209.
42. J. R. Armogathe déclare (*op. cit.*, p. 125) que la colonie juive de Corinthe paraît avoir été importante et bien installée, et qu'elle avait sa synagogue dans le centre de la ville, près de l'arc de triomphe monumental qui donnait sur l'agora.
43. Morton, *op. cit.*, p. 252 ; Charmes, *op. cit.* p. 210.
44. N. Hugede, *Saint Paul et la Culture grecque*, p. 71.

droit, mais nous avons voulu vous donner en nous-mêmes un modèle à imiter. Car lorsque nous étions chez vous, nous vous disions expressément : si quelqu'un ne veut pas travailler, qu'il ne mange pas non plus. » (2 *Thess.* 3 : 6-10[45].)

C'est seulement des communautés qu'il a quittées qu'il accepte des subsides. Ainsi à Thessalonique, il reçoit des secours de Philippes (*Phil.* 4 : 16) et maintenant, depuis Athènes, il attend la visite de ses amis, Timothée et Silas, qui viennent avec de l'argent du nord de la Grèce, Bérée ou Thessalonique.

Mais ce n'est pas seulement pour lui-même qu'il dit cela. A qui veut-il faire la leçon ? De qui veut-il se démarquer ? Des maîtres à penser du monde antique, qui vivaient de l'argent de leurs disciples ? Ne serait-ce pas plutôt de l'habitude prise par certains membres d'église (2 *Thess.* 3 : 11) ou même par certains prédicateurs de passage, qui se font entretenir par la communauté ? S'agirait-il de Pierre, dont il est fait allusion en 2 *Cor.* 10 : 11, qui se recommande volontiers lui-même et que le Livre des Actes montre vivant sans souci aux frais de ceux qui l'entretiennent[46] ? Luc, qui tient à dire la différence entre les deux grands de la prédication, prend soin de noter que le souci où se met Paul, au contraire de Pierre, de travailler de ses mains, gêne ses efforts de prédication, en faisant remarquer que lorsque Silas et Timothée enfin arrivent de Macédoine, avec des fonds recueillis dans les églises, « Paul peut s'adonner complètement à la prédication » (*Actes* 18 : 5.)

---

45. Voir ci-dessus, p. 84.
46. *Actes,* 10 : 9 s.

Mosaïque de Monreale, Sicile. Paul confie ses lettres à ses disciples Timothée et Silas.

L'arrivée de Silas et Timothée

Les voilà donc enfin. Silas et Timothée vont apporter de bonnes nouvelles de Macédoine. Et des fonds. Paul reprend courage définitivement.

> « Timothée, récemment arrivé ici de chez vous, nous a donné de bonnes nouvelles de votre foi et de votre charité, et nous a dit que vous avez toujours de nous un bon souvenir, désirant nous voir comme nous désirons aussi vous voir... Maintenant, nous vivons puisque vous demeurez fermes dans le Seigneur. Quelles actions de grâce en effet nous pouvons rendre à Dieu à votre sujet, pour toute la joie que nous éprouvons à cause de vous devant notre Dieu! Nuit et jour, nous le prions avec une extrême ardeur de nous permettre de vous voir... » (1 Thess. 3 : 6-10.)

Paul était donc à ce point inquiet de son œuvre en Macédoine. Il craignait d'avoir « travaillé en vain » (2 Thess. 3 : 5). Le voilà rassuré, et au-delà : reprenant courage dans le succès de son Evangile, et désireux de retourner en Macédoine au plus tôt, il se met à prêcher aux juifs de Corinthe avec une ardeur toute neuve, prenant les plus grands risques, comme aux plus belles heures de la prédication, en Asie ou en Macédoine, allant même jusqu'à la provocation.

Jusque-là, on en était encore aux savantes transitions, aux assauts de culture, aux délicatesses. Même avec les juifs de Corinthe, Paul avait délaissé son style de combat, pour être le docteur de la loi, le disciple de Gamaliel, le savant exégète de la Thora. Présenté comme venant de Jérusalem, il n'avait pu être que bien reçu par ces croyants de la Diaspora, fatigués du matérialisme ambiant, avides de ressourcement. Paul n'avait pris aucun risque en s'adressant d'abord à eux, on le voit bien au rythme du récit :

> « *Paul discourait dans la synagogue chaque sabbat, et il persuadait des juifs et des grecs.* » *(Actes,* 18 : 4.)

Tout est tranquille et de bon ton, souligné par les imparfaits : à force de prudence et de ménagement, de gentillesse, il se réserve de prochaines invitations à prêcher. Il « discourait » et « persuadait » et cela a duré des semaines, « chaque sabbat ». Certes, Paul est fatigué des affrontements, et le petit employé d'Aquilas ne prend aucun risque, ne voulant ni perdre son seul gagne-pain, ni attirer des ennuis à son patron.

> « *Mais quand Silas et Timothée furent arrivés de la Macédoine, il se donna tout entier à la prédication, attestant aux juifs que Jésus était le Christ.* » *(Actes* : 18 : 5.)

Le style change aussitôt, avec le « mais », et l'action est décrite au passé simple, le vocabulaire lui-même devenant très précis : il s'agira d'une vraie prédication, d'un témoignage rendu au Messie. Les disciples sont arrivés avec de bonnes nouvelles, et des fonds, c'est-à-dire, pour Paul, beaucoup d'assurance et d'indépendance. Il se transforme d'un coup : on le retrouve vif, incisif, décisif, provocant. Il se sent à nouveau le chef, la situation bien en main, et va résolument au-devant des querelles comme pour en finir au plus vite avec ce qu'il estime être ses obligations envers les juifs corinthiens. Il est à noter qu'il ne se sent aucune obligation d'amitié, aucun engagement de reconnaissance avec ces gens qu'il fréquente maintenant depuis des semaines et qui l'auront écouté avec sympathie. Il est même probable que Silas et Timothée lui ayant dit qu'il est attendu d'urgence en Macédoine, il a hâte d'en finir avec Corinthe et de repartir avec ses amis : n'est-il pas pressé, n'a-t-il pas besoin de voir, de ses yeux, les tout premiers fruits de son travail en Europe, et de se sentir à nouveau, lui qui vient de connaître les profondeurs du découragement, plus fort, plus utile, plus apprécié de Dieu, et même pour une fois des hommes ?

> *« Nous avons eu d'autant plus ardemment le vif désir de vous voir. Aussi voulions-nous aller vers vous, du moins moi, Paul, une et même deux fois, mais Satan nous en a empêchés. Qui est en effet notre espérance, ou notre joie, ou notre couronne de gloire ? N'est-ce pas vous aussi... ? » (1 Thess. 2, 17.)*

Le cœur de Paul est déjà ailleurs. Corinthe ne lui importe plus. En fait, sur place, la réaction ne se fait pas attendre.

Elle sera d'autant plus vive que les juifs, mettons-nous à leur place, ne comprennent rien à ce changement de ton, et sont en droit d'estimer qu'on leur a caché jusque-là où l'on voulait en venir, et que tous les ménagements pris avec eux n'étaient que pour mieux les circonvenir. Ainsi donc l'élève de Gamaliel leur réservait une belle trahison. Ils s'en veulent de l'avoir invité si volontiers, et se mettent à l'injurier. Au fond, ils n'ont peut-être pas tort : disons plutôt que leur réaction était à prévoir. Paul, qui n'est pas un naïf, aurait quand même dû s'y attendre. C'est à croire qu'il le fait exprès. Ce n'est pourtant pas ainsi que le Livre des Actes présente les événements : à lire le texte, Paul paraît n'être pour rien dans la rupture :

> *« Les juifs, faisant alors de l'opposition et se livrant à des injures, Paul secoua ses vêtements et leur dit : que votre sang retombe sur votre tête, j'en suis pur ! Dès maintenant j'irai chez les païens. » (Actes 18 : 6.)*

Les événements se précipitent de chaque côté. D'un coup nous en sommes au dénouement, aux malédictions finales. Jamais public n'a été aussi vite expédié. Foin de négociations. On a assez perdu de temps ; on a autre chose à faire.

Conséquence : rupture avec la synagogue. On n'y remettra plus les pieds. De toute façon, il fallait mieux prendre les devants.

Rupture aussi avec Aquilas, non parce qu'on est fâché (*Actes* 18 : 18 et *Romains* 16 : 3 suffiraient à montrer le contraire) mais pour éviter des ennuis à ses amis (*Actes* 18 : 5 semble indiquer que dès l'arrivée des disciples, il avait cessé de travailler chez eux) : prudence inutile, puisque leur amitié avec l'apôtre, leur hospitalité ont dû leur valoir par rétorsion de la part de leur communauté ethnique la ruine progressive de leur négoce. Aquilas et Priscille quitteront Corinthe en même temps que l'apôtre, mais deux ans plus tard.

Car Paul ne se doute pas, lui qui prend tous les risques et montre si manifestement qu'il veut quitter Corinthe, qu'une intervention divine le fera demeurer là bien plus longtemps qu'il ne pensait d'abord.

Mesure immédiate : le petit groupe de chrétiens se réunira ailleurs :

> « *Sortant de là, il entra chez un nommé Justus, homme craignant Dieu, et dont la maison était contiguë à la synagogue.* » (*Actes* 18 : 7.)

Mais tout ne s'arrête pas là. Il y a encore de la provocation à se réunir si près, chez le voisin immédiat. De l'intérieur de la synagogue, on doit entendre le chant des cantiques ! Et parmi les juifs, l'affaire va rebondir.

> « *Cependant Crispus, le chef de la synagogue, crut au Seigneur avec toute sa famille. Et plusieurs corinthiens, qui*

avaient entendus Paul, crurent aussi et furent baptisés. » (Actes 18 : 8.)

Ce dut être un coup de tonnerre dans toute la juiverie : pour être chef de synagogue, il fallait être quelqu'un de très bien ; avoir une longue expérience, être versé dans la théologie, connaître le droit, être le gardien de la loi, mériter la confiance de tous. La conversion de Crispus, « et de toute sa famille », fut ressentie comme une trahison, et imputée à ce parjure de Paul, d'abord reçu comme un frère. Nul doute qu'on aura cherché à le lapider, et que Silas et Timothée l'auront pressé de quitter Corinthe.

Or voilà que tout change subitement, à la suite d'une vision de Paul.

> « *Le Seigneur dit à Paul en vision pendant la nuit : Ne crains point mais parle, et ne te tais point, car je suis avec toi, et personne ne mettra la main sur toi pour te faire de mal : parle, car j'ai un peuple nombreux dans cette ville.* »
> « *Il y demeura un an et six mois, enseignant parmi les corinthiens la parole de Dieu.* » (*Actes* 18 : 9-11.)

Gallion

Nous entrons maintenant en une période de dates incertaines. Avec le début du séjour de Paul à Corinthe, nous sommes en 51. Un certain jour de cette année-là, alors que Paul avait fait le plan de repartir en Grèce du Nord, une vision le retient inopinément, et il reste, sans que le texte fixe le commencement de cette durée, un an et six mois à Corinthe (*Actes* 18 : 11). Là-dessus survient le procureur Gallion et « de son temps » eut lieu un autre soulèvement juif contre Paul (*Actes* 18 : 18). Nous connaissons les faits, que Luc rapporte avec minutie, mais pour les situer dans le temps, c'est peu facile.

Heureusement qu'on a certains points de repère venus d'ailleurs. On a situé vers la fin de 49 l'édit d'expulsion visant les juifs de Rome. Or voilà une nouvelle indication, de grande valeur : une inscription découverte à Delphes signale que Gallion a été proconsul à Corinthe de juillet 51 à juillet 52[47]. Donc le séjour de Paul, qui semble commencer avant l'arrivée de Gallion, est à situer à partir du printemps 51 et va couvrir une bonne partie de l'année 52. *Actes* 18 : 18 nous permet de situer la révolte des juifs en automne 51.

Les juifs ont en effet laissé passer du temps. Ils ne s'attendaient sans doute pas que Paul reste. Son travail parmi les païens, ces réunions dans la maison de Justus qui jouxte la synagogue leur sont insupportables de la part de ce docteur de la loi qu'ils ont d'abord volontiers accueilli et écouté.

Ils vont profiter de la mise en place d'un nouveau gouverneur pour tenter une action d'éclat.

> « *Du temps que Gallion était proconsul de l'Achaïe, les juifs se soulevèrent unanimement contre Paul, et le menèrent devant le tribunal en disant : cet homme excite les gens à servir Dieu d'une manière contraire à la loi.* » *(Actes* 18 : 12-13.)

L'expression « ils se soulevèrent *unanimement* » signale un complot. Le mouvement avait été bel et bien organisé, d'autant plus que la date, vague (« du temps que Gallion était proconsul... ») indique qu'il n'y a rien de spontané, et qu'il n'était point né directement de l'altercation d'*Actes* 18 : 6. Les juifs attendaient tout simplement la venue du nouveau proconsul, dont il supposait l'inexpérience.

---

47. G. Dittenberger, *Inscriptiones graecae aetatis romanae*, 1897 ; *Corpus des Inscriptions de Delphes*, éd. Broccard, 1977.

La tactique était habile. Encore qu'un peu naïve : les juifs ont estimé que si on grossissait bien l'affaire, si tout le monde s'y mettait, le nouveau gouverneur serait suffisamment inquiet et prendrait des décisions exemplaires. C'était oublier que le gouverneur gardait les atouts de son côté, car il était en mesure d'étendre à Corinthe le décret d'expulsion contre les juifs. Ceux-là, dans leur hargne contre Paul n'ont même pas pensé qu'ils risquaient tout simplement de se faire jeter dehors.

Outre que les arguments employés sont toujours les mêmes, et doivent à la fin fatiguer jusqu'aux gens du pouvoir. On a entendu cela, tel quel, à Philippes ; presque à Thessalonique. C'est avec le même genre de plaintes que la populace, un jour, avait réussi à intimider Pilate, en lui faisant croire qu'il avait sur les bras une mauvaise affaire. Le recours à la légalité est décidément un bien admirable argument, suffisamment vague pour convenir à n'importe quoi. Ici les juifs font valoir que leur religion est protégée par la loi (c'est à voir, au lendemain du décret romain d'expulsion) et que quiconque s'en prend à eux s'en prend au gouvernement. Ainsi on déplace le problème, on grossit l'affaire, on crée l'agitation, et pour une question d'interprétation, on invoque la raison d'Etat : la méthode est grossière, peu nouvelle et n'a de chance que lorsque les responsables du pouvoir sont faibles, hésitants, craignant par-dessus tout le chantage à l'agitation populaire, effrayés par les risques et finalement davantage soucieux de leur cote de popularité que du respect du droit et de la justice.

Mais voilà : Gallion n'est pas Pilate.

Un personnage d'importance, ce Gallion. Junius Annaeus Gallio fut donc proconsul d'Achaïe, selon une inscription delphique, de juillet 51 à juillet 52. Fort célèbre par ailleurs, si les Actes n'en font qu'une mention succincte. C'est le frère aîné de Sénèque, né à Cordoue comme lui, et d'Annaeus Mela, père de Lucain. Connu par le patronyme de son protecteur Julius Gallio : c'est à lui que son frère dédia ses deux traités, *De Ira* et *De Vita beata*. On le cite pour sa douceur, son sens de l'équité et sa vertu : non seulement son frère, qui dit de lui au début des *Histoires naturelles* que «personne n'est aussi charmant pour un seul que Gallion l'est pour tous», mais aussi Stace, qui l'appelle le «doux Gallion». Sa position, sa réputation, sa fortune, son courage, ses relations au niveau du gouvernement, font de lui un personnage écouté, difficile à manipuler[48].

D'autant plus qu'on commence à les connaître dans l'Empire, ces juifs qui se sont fait la double réputation d'être des gens ingouvernables (au point que le proconsulat de Palestine était tenu pour le pire de toute la magistrature), et d'usuriers âpres et impitoyables, qu'il avait fallu expulser de Rome au moment où les grandes fortunes patriciennes allaient passer entre leurs mains.

Si bien que Gallion, qui est sans doute plus au courant qu'on ne pense et de la prédication de Paul et des ennuis qu'on lui veut, va jouer un coup de maître, à quoi personne ne s'attendait, pas même Paul. Il ne va même pas l'écouter, mais lui couper la parole, ce qui paraît d'abord injuste, puisqu'il ne lui permet pas de se défendre ; mais ce qui est un hommage qu'il lui rend, discrètement, et un camouflet aux juifs, en refusant qu'il soit obligé de se défendre devant de si piètres accusations, dont on connaît les intentions et la provenance. A partir de là, toute la mise en scène se désorganise, l'affaire sombre dans le désordre, le ridicule et la bouffonnerie.

---

48. Paul fut-il par lui en contact avec Sénèque ? Certains l'ont prétendu, sans aucune preuve bien sûr, par des rapprochements entre les traités du philosophe et les épîtres de l'apôtre, voir Ch. AUBERTIN, *Etude critique sur les rapports supposés entre Sénèque et saint Paul,* Paris, 1857.

> « *Paul allait ouvrir la bouche, lorsque Gallion dit aux juifs : s'il s'agissait de quelque injustice ou de quelque crime, je vous écouterais comme de raison ; mais s'il s'agit de discussions sur des mots ou des noms, ou sur votre foi, c'est votre affaire : je ne veux pas être juge de ces choses. Et il les renvoya du tribunal. Alors tous se saisirent de Sosthène, le chef de la synagogue, et ils le battaient devant le tribunal, sans que Gallion s'en mît en peine.* » *(Actes* 18 : 14-17.)

Pauvre Sosthène, qui reçoit inopinément des coups sans savoir ni pourquoi ni de qui ! Est-ce de la part des non-juifs, qui trouvent la sentence exemplaire et en profitent pour régler de vieux comptes avec ce représentant officiel de la juiverie, lui qui vient d'être nommé en remplacement de Crispus[49] ? Mais la bastonnade est davantage dans le style des querelles entre juifs : alors ses congénères l'estiment-ils coupable de sympathie pour Paul, pour qui il paie, les juifs n'ayant personne d'autre sous la main pour décharger leur colère antichrétienne[50] ? Ou bien plutôt Sosthène n'est-il pas tenu pour responsable par ses frères dépités de toute cette cabale mal pensée, mal préparée, où il y a eu beaucoup trop d'excitation, et qui risquait de tourner mal pour tout le monde, et d'aboutir à de belles expulsions ? Qu'on montre bien à Gallion, même s'il fait semblant de ne pas remarquer, qu'on n'était pas d'accord avec Sosthène, qui est d'ailleurs tout jeune dans ses fonctions de chef de la communauté juive, puisqu'il a fallu le nommer en toute hâte à la suite de la défection toute récente de son prédécesseur, et que l'ensemble de la population juive est tout simplement mal représentée, alors qu'elle est paisible, soucieuse des lois, et désavoue hautement quiconque trouble l'ordre public, même s'il s'agit d'un des siens[51].

---

49. Morton, *op. cit.*, p. 257.
50. Armogathe, *op. cit.*, p. 131.
51. C. Charmes *op. cit.*, p. 219.

On aura noté le clin d'œil final de Luc : « *ils le battaient devant le tribunal sans que Gallion s'en mît en peine* ». L'auteur du Livre des Actes est décidément habile à camper des scènes en trois mots, avec toute l'ironie du monde et le sens du cocasse. L'effet vient de l'écrivain, mais quel hommage rendu à Gallion, à qui va désormais la sympathie des lecteurs : il est la revanche tranquille de l'intelligence sur la bêtise musclée.

Et non seulement la sérénité de Gallion sera beaucoup pour le développement de l'église de Corinthe, mais elle ne sera pas sans une heureuse influence sur la façon dont Paul répondra aux Thessaloniciens, préoccupés par la politique romaine [52], en lui révélant l'attitude officielle de l'Empire.

J'ai un peuple nombreux dans cette ville

Paul sera donc resté dix-huit mois à Corinthe. Son départ n'est pas lié de la moindre façon à l'événement du tribunal, raconté en détail comme un morceau de bravoure. Le style adopté est bien davantage celui du conteur et de l'apologiste que celui de l'historien. Avec une imprécision notoire, Luc signale le départ :

> « *Paul resta encore assez longtemps à Corinthe. Ensuite, il prit congé des frères et s'embarqua pour la Syrie, avec Aquilas et Priscille, après s'être fait raser la tête à Cenchrées, car il avait fait un vœu.* » *(Actes* 18 : 18.)

On note au passage un curieux détail, que Luc signale sans l'expliquer : étrange quand même ce vœu de Paul. Geste traditionnel ? Rite de superstition ? On ne saura rien et Luc fait exprès de rester discret. La version éthiopienne

---

52. Voir ci-dessus, p. 84.

du Livre des Actes dit qu'Aquilas et Paul se sont fait tous les deux raser la tête. C'est un geste connu de l'antiquité, qu'au moment des voyages, on se consacre soi-même au dieu protecteur : ainsi Néron fit-il ce vœu, se coupa la barbe, la mit dans un coffret d'or et l'offrit à Jupiter capitolin ; Pétrone conserve le souvenir de cette pratique dans le *Satiricon* : pour faire bon voyage, surtout s'il y a risque de tempête, il fallait consacrer sa chevelure aux dieux pour les apaiser [54]. Toutes proportions gardées, Paul, au moment de son départ, prend rendez-vous avec Jérusalem : se souvenant des pratiques de son adolescence, il emporte ses cheveux, pour les brûler sur l'autel des sacrifices comme le faisaient les Nazaréens [55]. La durée du voyage sera un temps de jeûne, de prière, de purification. Il revient à ses sources, et veut vivre intensément chaque instant de ce retour. Il pourra dire aux apôtres de Jérusalem : mission accomplie.

*
* *

Il ne reste rien aujourd'hui de Cenchrées, ce grand port de Corinthe, fondé nous dit Pausanias, par le fils de Poséidon et de la nymphe Pirène, fille d'Achélaos [56]. Des monnaies nous montrent le port, comme une large baie faite pour accueillir de gros navires, avec, à une extrémité, un temple dédié à Aphrodite [57], et à l'autre celui d'Asclé-

---

54. PÉTRONE, *Satiricon*, 103.
55. *Nombres*, 6 : 18.
56. PAUSANIAS, II, 2, 3 : « Sur la route qui mène de l'isthme à Cenchrées, s'élève un temple d'Artémis, avec une statue de bois fort ancienne. A Cenchrées même, on trouve un temple et une statue de pierre d'Aphrodite, et sur la jetée qui conduit en mer, un bronze de Poséidon ; à l'autre bout du port, des sanctuaires d'Asclépios et d'Isis. Il y aussi les bains d'Hélène : c'est un large courant d'eau tiède, qui jaillit des rochers en direction de la mer. »
57. Ou à Isis. APULÉE dans *L'Ane d'or,* parle d'un temple d'Isis.

Monnaie montrant le port de Cenchrées. Voir *Corinth, Results of excavations*, vol. VI, *Coins*, by Katharine M. Edwards, 1933 (Harvard University Press). Ce dessin est déjà paru dans MEINARDUS, *op. cit.* p. 72.

pios. Au milieu de la baie, émergeant de l'eau, s'élevait une statue colossale de Poséidon. L'Hexamilion, cette muraille de 40 km qui entourait Corinthe [58], reliait Cenchrées au cœur de la cité. Aujourd'hui, les tremblements de terre ont détruit ce port d'où saint Paul s'est embarqué pour Éphèse, on distingue à peine les dalles et les ruines du port sous l'eau verte [59].

Sur la hauteur, en retrait du port, on a cru reconnaître, à un dallage et à des esquisses de poissons, les traces d'une

---

58. Voir ci-dessus, p. 163. Dès le XIIIe siècle avant notre ère, l'Hexamilion existait déjà. Il avait été renforcé au cours des âges par des tours tous les cent mètres. Il fut sans cesse reconstruit, la dernière fois par l'empereur Justinien.
59. C'est *l'American School of Classical Studies* qui a été chargée des fouilles. Elles ont commencé en 1963 ; comme à Isthmia, où le musée vient tout juste d'ouvrir ses portes en 1980, elles ne sont pas très avancées.

C'est une des découvertes les plus intéressantes qu'on peut faire à Corinthe. A l'extrémité nord de la rue menant au théâtre, une dalle gravée portant le nom d'un chrétien mentionné en *Rom.* 16 : 23. On lit distinctement (il s'agit de l'assise profondément burinée de lettres de bronze) :

ERASTVS PRO AEDILITATE
S. P. STRAVIT

(*Erastus pro aedilitate sua pecunia stravit* : dallage réalisé aux frais d'Eraste, pour sa nomination au poste d'administrateur). C'était en effet une coutume qu'un personnage politique nommé à une haute fonction fasse en retour à la cité un don à la mesure de sa reconnaissance et de sa fortune. Il s'agit ici d'un dallage donnant accès au théâtre. Ce dallage existait donc au temps de saint Paul, et c'est par la suite (probablement) qu'Eraste devint son disciple (voir *Corinth, Results of excavations conducted by the American School of Classical Studies in Athens*, vol. VIII : Latin Inscriptions.)

ancienne chapelle. Mais on remarquera, à fleur d'eau, près de la pancarte provisoire signalant qu'il s'agit d'un site archéologique, les fondations d'une très belle basilique, de taille moyenne, toute en marbre. On distingue même très nettement le baptistère, avec ses marches : on pratiquait en effet à l'époque primitive le baptême par immersion, et le néophyte et le prêtre descendaient dans l'eau jusqu'à mi-corps. Lequel de ces deux emplacements correspond à l'église que Paul aura connue, dont on sait l'existence par un texte de l'Epître aux Romains [60] ?

*
* *

Paul quitte la Grèce. Il a la tête pleine de projets. D'ailleurs, il part tranquille, car il laisse derrière lui une église nombreuse, et bien organisée.

Les Epîtres aux Corinthiens, et l'Epître aux Romains, nous donnent l'idée par les noms cités, d'une communauté vraiment neuve, formée surtout de citoyens d'Italie : Titus, Justus, Gaïus, Quartus, Rufus, Crispus, Fortunatus, Urbain, Tertius (celui qui écrivit sous la dictée de Paul l'Epître aux Romains : *Rom.* 16 : 22). Et un certain Eraste, « l'administrateur de la ville » (*Rom.* 16 : 23) dont la présence parmi les membres d'église de Corinthe donne l'idée de l'étendue et de l'efficacité de la prédication de Paul. Tout porte d'ailleurs à croire qu'il s'agit du personnage dont le nom est inscrit dans le dallage qui conduit au théâtre : Eraste en effet, l'administrateur de la ville (οἰχονόμος en grec, *aedilis* en latin) est remercié pour avoir fait construire un dallage à ses frais, en reconnaissance de sa nomination à cette haute responsabilité municipale : ce qui donne une idée de son influence et de sa fortune personnelle.

60. *Romains* 16 : 1.

Aussi bien ne faut-il pas déduire des déclarations de Paul aux Corinthiens, selon quoi il n'y aurait parmi eux ni beaucoup d'érudits, ni gens de la société, ni de nobles (1 *Cor.* 1 : 26) qu'il n'y en avait aucun. On se souvient de Crispus, l'ancien chef de la synagogue, qui fut un personnage officiel de la ville ; Justus, le riche propriétaire dont la maison était assez grande pour accueillir l'église, quand il y eut rupture avec la synagogue : n'est-il pas d'ailleurs membre de la famille des célèbres potiers corinthiens dont parle Strabon, dont les œuvres signées se retrouvaient dans tous les coins du monde ?

Quand on pense à ces gens qui vont maintenant constituer l'église, sans doute la plus grande que la prédication de Paul ait jamais fondée, on ne peut s'empêcher de songer à tout ce périple européen, où l'apôtre a parfois douté du résultat final, s'étant d'ailleurs trompé de cible, lui-même chassé souvent et moqué mais jamais renonçant... Et maintenant, quelle récompense !

Le Christ lui était apparu, et lui avait dit dans une vision : *j'ai dans cette ville un peuple nombreux !*

Et la preuve en est visible aujourd'hui dans les pierres.

***

Ce n'est pas dans le site archéologique de Corinthe qu'il faut rechercher le souvenir de la première communauté chrétienne, mais du côté de l'ancien port de Léchaion, qui n'a jamais encore fait l'objet d'investigation systématique [61].

---

61. Le secteur appartient à l'*American School of Classical Studies.*

Apparemment, il ne reste rien de cet immense port, où les flottes d'Italie et d'Espagne faisaient une forêt de mâts. Rasé par Mummius en 146 avant notre ère, le port a été détruit bien davantage, et définitivement, par les tremblements de terre. Pourtant Pausanias y avait vu un temple de Poséidon de grande splendeur[62] ; une double rangée de murs, de trois kilomètres, reliait le port à l'agora, par l'actuelle rue de Léchaion[63], en droite ligne.

Si bien qu'il suffit aujourd'hui, depuis la vieille Corinthe, de regarder droit à la mer, par le plus court chemin, pour retrouver le site du port. Il faudra s'inventer un chemin pour s'y rendre : mais on sera étonné, aussitôt après l'intersection de la route actuelle Patras-Athènes, de découvrir cette large voie asphaltée qui va à la mer, et ne mène apparemment à rien : juste à une étroite plage où les vagues du golfe viennent mourir. A droite et à gauche, à distance, quelques dunes.

Et soudain, c'est la récompense. Là, au ras du sol, émergeant à peine d'une dizaine de centimètres, les ruines d'une immense basilique paléochrétienne, la plus vaste du monde grec[64]. Dix mille personnes pouvaient se tenir là.

L'immensité de ce temple fait rêver, surtout si on la compare aux toutes petites églises d'Athènes.

On découvre nettement la trace d'un ensemble complexe de bâtiments, comprenant la basilique proprement dite, composée de trois nefs délimitées par deux rangées de vingt-trois colonnes, un baptistère, comprenant une antichambre et un vestiaire à quatre absides rayonnantes, et un bâtiment octogonal probablement surmonté autrefois d'une coupole, dont le plan était compliqué de niches alternativement rectangulaires et semi-circulaires. Une

---

62. Pausanias, II, I, 3.
63. Voir ci-dessus p. 163
64. Jean Bousquet, *Guide bleu,* p. 396.

La basilique de Léchaion, construite en bordure de mer à 3 km de l'ancienne Corinthe, sur le site du port antique détruit en 146 avant notre ère par Mummius, est probablement la plus vaste du monde grec. Ainsi s'expliquait la parole « j'ai un peuple nombreux dans cette ville » (*Actes* 18 : 10). Paul ne connut peut-être pas la construction, mais elle donne une idée de l'importance de la communauté primitive, que semble évoquer aussi les épîtres. Le financement de la construction est-il dû à Eraste, le richissime administrateur de la ville ? On peut estimer à 10 000 personnes la capacité des bâtiments, dont il ne reste aujourd'hui que les fondations. En bas, détail de chapiteaux et de frises, dans le style corinthien, pourvu de la croix chrétienne. (Photographies de l'auteur.)

première cuve baptismale était située au milieu de ce bâtiment, une seconde dans l'une des niches.

La basilique a dû être agrandie plusieurs fois, jusqu'à sa destruction par un séisme en 551. S'il ne reste pratiquement rien des colonnes de marbre, ni des dallages, c'est qu'ils furent récupérés par les gens du voisinage. On en peut constater la splendeur aux chapiteaux fort ouvragés, qui demeurent à terre.

Ainsi s'accomplissait, comme en une promesse enfin réalisée, le vrai destin de Paul : « Parle, car j'ai dans cette ville un peuple nombreux... »

*
**

Les Epîtres aux Corinthiens

Ces lettres offrent un remarquable aperçu d'une communauté chrétienne primitive, dans son organisation et son développement. Il est difficile de les dater précisément : on s'accorde généralement pour dire qu'elles ont été écrites d'Ephèse, à une époque où l'ensemble des communautés fondées par Paul, tant en Asie mineure qu'en Grèce continentale, passent par des crises de croissance.

Nous n'avons pas toutes ces lettres.

1. 1 *Cor.* 5 : 9 semble faire allusion à une première lettre, perdue, dont on ne connaît guère le contenu, sinon qu'elle doit correspondre à une première intervention de Paul pour faire face à des désordres. Elle n'a pas dû produire beaucoup d'effet.

2. Paul a donc envoyé Timothée, qui est revenu avec des nouvelles plutôt mauvaises (disputes, procès, immoralité, profanation de la Sainte Cène) et quantité de questions à

propos de quoi les Corinthiens attendent une prise de position de Paul lui-même. Paul écrit donc une nouvelle lettre où il va répondre point par point : elle est notre *Première Epître aux Corinthiens* (printemps 55 ?). Elle sera portée par Tite. Paul y annonce sa prochaine venue : a-t-il fait lui-même un voyage éclair depuis Ephèse ?

3. Il sait maintenant d'où vient la crise : c'est, en pire, celle d'Antioche. C'est-à-dire que l'on a contesté son autorité ; il y a des divisions, des partis qui se recommandent maintenant de Céphas-Pierre. Paul, outré, peiné, humilié, mais vigilant et déterminé écrit *une nouvelle lettre aux Corinthiens* (qui correspond aux chapitres 10-13 de notre seconde aux Corinthiens).

4. La crise est passée. Pendant ce temps, Paul a lui-même surmonté les difficultés qu'il a rencontrées à Ephèse[1]. Peut-être s'est-il entre temps rendu à Philippes, auprès de ses chers amis. C'est un appel en faveur d'une collecte générale pour tous les saints, et Paul joint à l'exemplaire destiné à Corinthe, une apologie qui semble constituer le reste de notre *Seconde aux Corinthiens* : 2 *Cor.* 1-9. Tite va porter cette nouvelle lettre qui annonce la prochaine venue de Paul. Il sera à Corinthe probablement l'hiver 56-57. C'est de là qu'il écrira son Epitre aux Romains.

Ainsi donc, il aura écrit au moins quatre lettres aux Corinthiens, dont la première aura été perdue, les trois autres constituant, distribuées différemment, dans notre recueil actuel, les deux Epîtres aux Corinthiens.

---

1. ARMOGATHE, *op. cit.*, p. 135-136.

A. *Première Epître aux Corinthiens*

On sait donc qu'elle n'est pas la première chronologiquement, puisqu'il manque une lettre qui aurait précédé (1 *Cor.* 5 : 9)

C'est une des épîtres du *Corpus paulinien* qui donne probablement le plus de renseignements sur l'église concernée.

1. *Une église décidément comblée (1 Cor.* 1, 1, 10). — Paul sait maintenant que la pire des crises vient de ce que beaucoup trop de gens sont intervenus après lui à Corinthe, et ont constesté plus ou moins implicitement son enseignement. Il a fait l'objet de critiques surtout de la part des autres apôtres, restés profondément judéo-chrétiens. Ces interventions n'ont pu que contribuer grandement à troubler les membres d'église, d'autant plus qu'elles venaient de gens en place, haut situés dans la hiérarchie. En fait, tant que cela ne crée point de désordre dans la communauté, peu lui chaut, à l'apôtre Paul, d'être critiqué. Il tient de toute manière à dire son indépendance d'esprit : d'où cette façon, un rien polémique, dont il signe ses lettres (chaque fois au commencement de l'épître, selon les habitudes de l'époque) :

« *Paul, appelé à être apôtre de Jésus-Christ, par la volonté de Dieu.* » (1 *Cor.* 1, 1.)

Vers la même époque, face aux mêmes problèmes, il signera aux Galates : « Paul apôtre, non de la part des hommes, ni par un homme, mais par Jésus-Christ et Dieu le Père... »

En fait, on a bien à faire maintenant à des églises majeures, ou qui doivent l'être. Il le leur répète dans l'adresse : « Le témoignage de Christ a été solidement établi parmi vous » (1 *Cor.* 1 : 6). « Il ne vous manque aucun don » (v. 7) :

> « Car en lui vous avez été comblés de toutes les richesses qui concernent la parole et la connaissance. » (1 *Cor.* 1 : 5.)

Mais les coteries menacent vraiment l'unité de l'église, et Paul est inquiet. En son absence, il semble que la responsabilité de l'évangélisation à Corinthe avait été confiée à Apollos « homme éloquent et versé dans les Ecritures » (*Actes* 18 : 24-28 et 19 : 1). Pourtant l'éloquence d'Apollos n'a semble-t-il pas suffi à enrayer sur place la montée de l'immoralité, et Paul intervenait lui-même en vain dans sa lettre perdue. Outre que le ministère d'Apollos faisait peut-être que les tout nouveaux convertis ne reconnaissaient pas l'autorité de Paul.

Alors est intervenu Pierre. Peut-être en profitant d'une escale entre Jérusalem et Rome. En fait, au départ, rien que de très normal dans cette prise de contact entre un Pierre de passage et une communauté de croyants. Mais c'est allé plus loin, Pierre a dû intervenir dans les problèmes locaux, oubliant qu'il n'est pas dans son secteur, défini depuis le concile de Jérusalem comme étant exclusivement celui des chrétiens d'origine juive. D'autre part il ne pouvait se recommander que de lui-même ! (2 *Cor.* 10 : 12) : c'est vrai qu'on peut facilement admettre que Pierre a été reçu comme un ange du ciel par les membres d'église éblouis. Et Pierre a dû mettre en évidence cette caution divine qu'il reçut du Saint-Esprit le jour de la Pentecôte, avec le parler en langues, ce qui lui donnait apparemment de l'importance par rapport à Paul. Résultat : il y a depuis à Corinthe, un parti de Pierre.

Il existe aussi un mystérieux parti du Christ, constitué sans doute par des croyants fatigués de voir les chefs hiérarchiques contestés par les uns et les autres, quand ce n'est pas l'un par l'autre.

Voilà ce que Paul aura appris par des gens de Chloé (une chrétienne d'Ephèse ou de Corinthe, bien connue semble-t-il, sauf de nous : 1 *Cor.* 1 : 11). Il ne pourra rien faire d'autre pour l'instant que d'exhorter solennellement les chrétiens de Corinthe :

> « *Je vous exhorte, frères, par le nom de notre Seigneur Jésus-Christ, à tenir tous un même langage, et à ne point avoir de divisions parmi vous, mais à être parfaitement unis dans un même esprit et un même sentiment.* » (1 *Cor.* 1 : 10.)

2. *Une sévère mise au point.* (1 *Cor.* 1 : 10-6 : 10) Paul n'hésite pas : il sait qu'il a raison, qu'en ce qui concerne la bonne marche de l'église, il faut s'en tenir à ce qu'il a dit :

> *Quand vous auriez dix mille maîtres en religion, vous n'avez pas plusieurs pères : c'est moi qui vous ai engendrés en Jésus-Christ, en vous annonçant l'Evangile.* » (1 *Cor.* 4 : 15.)

Foin des sages, des discoureurs, des beaux parleurs : la sagesse des hommes est une folie pour Dieu (1 *Cor.* 17-25) ; ce n'est d'ailleurs pas de ce côté que brillent les Corinthiens (1 *Cor.* 1 : 26-31) ni Paul (1 *Cor.* 2 : 1-5). Lui ne se présente pas comme un maître à penser, mais un dispensateur des mystères de Dieu (1 *Cor.* 4 : 2).

> « *Nous avons la pensée de Christ.* » (1 *Cor.* 2 : 1.)
> « *Nous en parlons, non avec les discours qu'enseigne la sagesse humaine, mais ceux qu'enseigne l'Esprit.* » (1 *Cor.* 2 : 13.)

Paul le reconnaît lui-même, parfois en s'excusant (1 *Cor.* 4 : 6), d'abondantes allusions autobiographiques viennent dans ce chapitre, où Paul n'hésite pas à reprendre l'autorité qu'on lui a contestée. Il ne se sent d'ailleurs de comptes à rendre à personne (1 *Cor.* 4 : 3). Quant à eux, les Corinthiens sont des enfants, on ne peut même pas leur donner de la nourriture consistante (1 *Cor.* 3 : 1-2), quelques-uns sont paradoxalement enflés d'orgueil (1 *Cor.* 4 : 18) ; et ils mériteraient le bâton (1 *Cor.* 4 : 21). Or si on tient compte des désordres, de l'immoralité des uns que les autres tolèrent, ils feraient mieux de ne pas se vanter (1 *Cor.* 5 : 6). Et le ton monte :

> « *Ne vous y trompez pas : ni les impudiques, ni les idolâtres, ni les adultères, ni les efféminés, ni les infâmes... n'hériteront du royaume de Dieu... et c'est là ce que vous étiez...* » (1 *Cor.* 6 : 10-11.)

Mais il n'y a point d'offense. Paul est leur père spirituel, s'il leur parle sévèrement, c'est pour leur bien. « Ce n'est pas pour vous faire honte » (1 *Cor.* 4 : 14). Que les Corinthiens prennent conscience de ce qu'ils sont devenus :

> « *Vous avez été rachetés à grand prix* (1 *Cor.* 6 : 20)... *Vous avez été lavés, vous avez été sanctifiés, vous avez été justifiés* (1 *Cor.* 6 : 11),... *Vous êtes le temple de Dieu* (1 *Cor.* 3 : 16) (1 *Cor.* 6 : 19) *Vous êtes l'édifice de Dieu* (1 *Cor.* 3, 9).

C'est l'occasion de rappeler les exigences de la vie chrétienne : il condamne solennellement celui qui vit avec sa parente (1 *Cor.* 5 : 1-5) et mentionne que l'appartenance au Christ implique la pureté des mœurs (1 *Cor.* 6 : 12 20).

3. *Réponses aux questions* (1 *Cor.* 7 à 11). Les questions posées par les Corinthiens portaient sur le mariage, le célibat, et les viandes offertes aux idoles. Sur le premier point, on lira les réponses de Paul au chapitre 7 : sujet

difficile, à incidences multiples, que Paul traite avec la plus grande prudence, d'autant plus que la question a dû être posée à d'autres, notamment à Pierre. Il fait état d'un avis tout personnel (1 *Cor.* 7 : 25), tout en donnant une leçon, non d'autorité, mais de liberté et de logique, où il oriente les esprits vers la grande réalité chrétienne, qui est l'espérance du retour du Christ (1 *Cor.* 10 : 29).

La question concernant les viandes sacrifiées aux idoles est alors beaucoup plus difficile à traiter. Paul sait fort bien qu'elle a déjà été posée à Pierre, qui est porteur de la décision prise à Jérusalem (*Actes* 15 : 19), que Paul connaît fort bien puisqu'il y assistait. Or voilà que cette question, pourtant tranchée, revient au jour, et il est étonnant de constater que Paul va donner un avis très indépendant de la prise de position très formaliste des apôtres :

> « *Pour ce qui est donc des viandes sacrifiées aux idoles, nous savons qu'il n'y a point d'idoles dans le monde...* » (1 *Cor.* 8 : 4.)

Ce qui revient à dire que la question est stupide, comme l'était un peu la décision prise naguère par les apôtres à Jérusalem : c'est vrai que ce n'était pas pour débattre de ce problème que la réunion de Jérusalem avait été convoquée mais pour traiter du sort des croyants d'origine païenne, c'est-à-dire du ministère de Paul, et que faute de pouvoir trancher, on avait à la hâte rédigé un communiqué sans rapport avec le sujet... Paul garde un souvenir amer de ces moments-là, où venu chercher l'appui des autres apôtres, il n'avait rencontré chez eux que formalisme et suspicion. Et c'est eux maintenant, qui au travers de Pierre, viennent jeter le désordre dans le territoire à lui confié !

Paul prend de la distance à propos de ces sujets où tout le

monde s'énerve, et il s'en remet au bon sens des Corinthiens :

> « Ce n'est pas un aliment qui nous rapproche de Dieu : si nous en mangeons, nous n'avons rien de plus ; si nous n'en mangeons pas, nous n'avons rien de moins. » (1 Cor. 8 : 8.)

Beaucoup d'ironie, et un rien d'impertinence. Une seule limite à cela : la conscience des autres.

> « Si un aliment scandalise mon frère, je ne mangerai jamais de viande, afin de ne pas scandaliser mon frère. » (1 Cor. 8 : 13.)

A partir de là, Paul se livre à des considérations sur la vraie liberté, et sur l'exemple des ancêtres, puis en revient à des formules d'application générale :

> « Soit donc que vous mangiez, soit que vous buviez, soit que vous fassiez quelque autre chose, faites tout pour la gloire de Dieu. » (1 Cor. 10 : 31.)

4. *Instructions diverses.* (1 Cor. 11-16). On en vient à des problèmes de liturgie, en relation plus étroite avec la vie de l'église. D'abord la tenue des femmes dans les assemblées : elles doivent se distinguer, par le port du voile, des prostituées de Corinthe (1 Cor. 11 : 17-34). Puis le moment difficile du raisonnement où il va s'agir de redonner leur signification et leur vraie place aux charismes (1 Cor. 12, 1-14, 40), notamment au parler en langues, dont les Corinthiens ont appris l'existence par Pierre : ne veulent-ils pas, après lui, refaire le miracle de la Pentecôte ? Et comme Pierre obtenait de cette manière beaucoup d'ascendant, ceux qui maintenant parlent en langues prétendent faire la loi. D'où la difficulté où est Paul, qui ne peut nier l'origine divine des charismes, ni le

rôle de Pierre, mais veut maintenant mettre fin à tout ce désordre où l'on est dans les églises :

> « *Dieu m'est témoin que je parle en langues plus que vous tous : mais dans l'église j'aime mieux dire cinq paroles avec mon intelligence, afin d'instruire aussi les autres, que dix mille paroles en langues.* » (1 *Cor.* 14 : 18-19.)

Aussi bien Paul va-t-il soumettre les dons spirituels au critère d'utilité (1 *Cor.* 12 : 7) et citer d'autres dons que le parler en langues, qui seul semble faire problème. Notamment ce don par excellence qu'est l'amour :

> « *Quand je parlerais les langues des hommes et des anges, si je n'ai pas l'amour, je suis un airain qui résonne, une cymbale qui retentit. Et quand j'aurais le don de prophétie, la science de tous les mystères et toute la connaissance, quand j'aurais même toute la foi jusqu'à transporter les montagnes, si je n'ai pas l'amour, je ne suis rien. Et quand je distribuerais tout mes biens pour la nourriture des pauvres, quand je livrerais même mon corps pour être brûlé, si je n'ai pas l'amour, cela ne sert de rien.* » (1 *Cor.* 13 : 1-3.)

Le problème de la mort préoccupe toujours le croyant, et autant les Corinthiens que les Thessaloniciens. Paul préfère répondre en parlant de la résurrection, et il prononce là de très belle paroles :

> « *Lorsque ce corps corruptible aura revêtu l'incorruptibilité, et que ce corps mortel aura revêtu l'immortalité, alors s'accomplira la parole qui est écrite : la mort a été engloutie dans la victoire. O mort, où est ta victoire, O mort, où est ton aiguillon ?* » *(1 Cor.* 15 : 54-55.)

Toutes très belles paroles, qui continuent en une transition très pratique :

« *Ainsi, mes frères bien-aimés, soyez fermes, inébranlables, travaillant de mieux en mieux à l'œuvre du Seigneur, sachant que votre travail ne sera pas vain dans le Seigneur.* » (1 Cor. 15 : 58.)

5. *La collecte.* Le dernier chapitre de l'épître est consacré à des considérations pratiques sur la façon de procéder à la collecte : c'est peut-être la vraie raison de l'envoi de la lettre à ce moment-là.

« *Pour ce qui est de la collecte en faveur des saints, agissez vous aussi comme je l'ai ordonné aux églises de la Galatie. Que chacun de vous, le premier jour de la semaine, mette à part chez lui ce qu'il pourra, selon sa prospérité, afin qu'on n'attende pas à mon arrivée pour recueillir les dons. Et quand je serai venu, j'enverrai avec des lettres, pour porter vos libéralités à Jérusalem, les personnes que vous aurez approuvées. Si la chose mérite que j'y aille moi-même, elles feront le voyage avec moi.* » (1 *Cor.* 16 : 1-4.)

Puis l'apôtre Paul en vient à des recommandations diverses. Il a le projet de se rendre à Corinthe (1 *Cor.* 15 : 5), d'y demeurer un hiver (v. 6-7). Puis viennent des nouvelles diverses, concernant les personnes : Timothée (v. 10-11), Apollos (v. 12), Stephanas (v. 15-16), Fortunatus et Achaïcus (v. 17-18), Aquilas et Priscille (v. 19). Puis les salutations finales (1 *Cor.* 16 : 19-24).

B. *L'Epître de la colère : 2 Corinthiens 10-13*

Ce passage, inclus dans l'actuelle *Deuxième aux Corinthiens,* constitue probablement une lettre à part, formant un tout, comme les chapitres précédents sont aussi un tout. Le ton est différent. Paul défend son ministère, et il a rarement été aussi virulent. Tout lui est bon : l'ironie, les allusions, les protestations, les attaques de front ; virulent et direct.

Il faut dire qu'il a ses raisons. On remet sans cesse en question son ministère, avec toujours les mêmes griefs : il n'a pas connu Jésus selon la chair, ce n'est pas un vrai apôtre, il s'est nommé tout seul ; il n'a pas la pensée du Christ, il n'enseigne donc pas la saine doctrine, du moins la doctrine complète ; et puis il agit seul, personne ne l'a mandaté, etc. Paul laisserait dire, s'il ne s'agissait que de lui ; seulement voilà, les églises en sont bouleversées, et ne savent plus qui suivre, à qui faire confiance.

La situation pour Paul devient insupportable. Et infiniment préjudiciable à l'évangélisation.

Il est patent que c'est Pierre qui est visé dans ces quatre chapitres. Sans le nommer, Paul le tient pour responsable de la dégradation de la situation des églises de Corinthe.

D'ailleurs, s'il ne nomme pas ici Pierre, il le fait bien en 1 *Cor.* 1 : 12. Et non avec son titre ecclésiastique, Pierre, le nom que le Christ lui a donné ; mais Céphas, son vrai nom, son nom d'avant [2]. Qu'il s'appelle de son vrai nom, comme tout le monde. Ce n'est pas parce que le Christ lui a changé son nom qu'il aurait la préséance sur les autres !

Si Paul ne cite point de nom, c'est qu'il ne veut pas donner l'impression, d'entrée de jeu, de s'en prendre à tel ou tel, ce qui relancerait les querelles, exciterait les partisans et n'assainirait point la situation. Il a même inventé, pour qu'on ne croie point trop qu'il en a au seul Pierre, d'autres partis, compromettant un instant ce brave Apollos (qui sera manifestement exclu du portrait de 2 *Cor.* 11 : 21-25) et citant, non sans ironiser, un quidam

---

2. Voir aussi *Galates* 2 : 11.

qui se recommanderait, lui, directement du Christ (1 *Cor.* 1 : 12). On ne peut toutefois s'empêcher de ressentir que cette vive polémique va droit à celui qu'il cache encore sous le pluriel « d'apôtres par excellence » (2 *Cor.* 11 : 5 et 12 : 11).

1. *Les allusions au secteur d'activité.* Qu'est-ce que Pierre est venu faire à Corinthe ? Quelle obscure mission ?

Le Concile de Jérusalem, vers 51 (*Actes* 15 et *Galates* 2) avait bien réparti les zones d'influence, et à contre-cœur peut-être, avait en tout cas désigné les responsables : Pierre pour les juifs, Paul pour les autres. A Antioche déjà, Pierre ne s'en était pas tenu à la décision, son attitude avait été équivoque, et Paul raconte qu'il avait dû lui tenir tête[3]. En fait il lui avait bel et bien envoyé une volée de bois vert. Mais à Corinthe, Paul est dans son territoire. Il le dit noir sur blanc dans un passage que nos traducteurs n'ont pas toujours bien rendu :

> « *Nous nous en tenons, nous, bien au contraire, aux limites du secteur que Dieu nous a désigné, et qui va jusqu'à vous. Non, nous ne débordons pas nos limites, nous, quand nous venons jusqu'à vous...* » (2 *Cor.* 10 : 13.)

2. *L'affaire des lettres de créance.* Evidemment, le succès de Paul n'est pas du goût de tout le monde. Et puis, il n'enseigne pas comme le voudrait le comité des apôtres, cette vieille affaire de la circoncision n'étant toujours pas réglée. On lui reproche d'agir seul, de n'être employé ni envoyé par aucune fédération d'églises. On lui conteste son titre d'apôtre, qu'il tient de qui ? Il n'a pas connu le Christ, et il semble ne faire aucun cas de ceux qui ont gardé sa pensée (voir 1 *Cor.* 2 : 16). Ces reproches ne peuvent évidemment lui venir que du haut de la hiérarchie.

---

3. *Gal.* 2 : 11-14.

Réponse de Paul (ironique et amère) : évidemment, il n'appartient pas à ce clan de ceux qui se recommandent entre eux (2 *Cor.* 10 : 12). Ce n'est évidemment pas une réponse : mais ne l'a-t-il pas déjà donnée en 2 *Cor.* 3 : 1-3, où il dit que ses lettres de créance, c'est tous les Corinthiens convertis ! C'est le genre d'arguments qu'on n'aime pas entendre répéter.

3. *Son indépendance financière.* Sa façon de vivre de l'argent de certaines églises commence à ne pas plaire non plus. On prétend qu'« il a dépouillé les églises » (2 *Cor.* 11 : 8) et lui-même cite l'accusation et semble s'en moquer, sans apporter de vraie réponse. En fait, n'ayant point de salaire, tantôt recevant de l'argent de Macédoine, tantôt travaillant de ses mains, il échappe à tout moyen de pression d'une quelconque organisation qui, désavouant la façon dont il s'acquitte de son mandat, aurait au moins le recours de lui couper les vivres (2 *Cor.* 11 : 9-12).

« *J'agis et j'agirai de la sorte pour ôter tout prétexte à ceux qui cherchent un prétexte !* » *(2 Cor.* 11 : 11.)

4. *Les atteintes à sa personne.* On s'en est pris à lui-même, à son honneur. « Il se sent fort quand il est loin, mais il faut un peu le voir... » (2 *Cor.* 10 : 10). Ce qu'on cherche, c'est à trouver en lui des contradictions, stratagème habituel du genre « il-écrit-bien-mais-il-faut-le-voir vivre ». Ce genre de bassesse est millénaire et garde toujours autant de malheureux effets. Paul encaisse le coup, s'en défend mal, du bout des lèvres : 2 *Cor.* 11 : 6. Cela ne vaut peut-être pas la peine de s'arrêter. Mais il a quand même pris dur, et n'arrive pas à l'oublier, si on en juge par l'amertume ironique de 2 *Cor.* 10 : 1.

5. « *Même un ange de lumière* ». Mais le voilà qui passe à l'attaque. Quand il est question de la survie des églises, il n'accepte aucune intervention, quelle qu'elle soit, d'où

qu'elle vienne, si elle doit accroître le trouble. Il n'admet pas que quiconque se prévale de son influence. Il avait déjà dit quelque chose de semblable en *Gal.* 1 : 8-9. Ce qui prouve bien qu'il vise haut, et qu'il a contre lui quelqu'un qui se prévaut de ses titres, de sa position, pour intervenir dans les églises comme en pays conquis, c'est qu'il ne craint pas de compromettre jusqu'au sommet d'une hiérarchie qui est la plus proche de Dieu : même un ange de lumière peut être Satan déguisé ; alors, à plus forte raison, quel homme, même bien haut situé, échapperait au soupçon ?

6. *Ses titres.* Là, il va devenir extravagant, il le sait (2 *Cor.* 11 : 22) et prévient sans renoncer. On l'a poussé à bout ! Quel combat de médiocres, que celui des titres ! Mais puisque les Corinthiens paraissent sensibles à ce genre de sottise, allons-y gaiement. Lui, des titres, il en a au moins autant que les autres : n'est-il pas juif, de la postérité d'Abraham ? Et ce sont des vrais titres, ceux auxquels il tient le plus, gagnés au front (2 *Cor.* 11 : 21-29). Les autres, qu'ont-ils pour se prévaloir, sinon d'avoir eu connaissance de l'Evangile avant les autres, avant que commence la vraie prédication ? Tandis que lui, Paul, il a de vrais titres d'apôtre : privation, lapidation, souci des églises... Les autres, à côté, paraissent des bureaucrates. C'est là qu'on voit que Pierre est visé, lui, qu'on dit l'apôtre par excellence (2 *Cor.* 12 : 11 et 11 : 5).

7. *Les visions.* Le voilà lancé, il ne s'arrêtera plus : il ne fallait pas le provoquer. Parlons des visions, puisque Pierre a bien dû parler des siennes, et Paul, lui, jamais. Eh bien que valent-elles, les visions de Pierre ? On sait dans l'église primitive qu'en matière de vision, « l'apôtre par excellence » n'a jamais été heureux : ou bien il n'y comprenait rien (*Actes* 10 : 17), ou bien il ne savait pas ce qu'il disait (*Luc* 9 : 33). Il aurait mieux fait de se taire. Mais puisqu'il ne l'a pas fait, lui Paul va une fois parler des siennes, qui semblent manifestement de qualité bien supérieure (2 *Cor.*

12 : 1-6). Qu'il s'agisse de lui, c'est bien ce que révèle le v. 7.

8. *Son infirmité.* Il en vient, par un enchaînement si bien mené, à donner la vraie raison d'une infirmité, dont on avait été assez lâche et assez vil pour lui faire reproche : « on » s'en servait même pour faire valoir aux Corinthiens que c'était la preuve que Dieu désavouait son ministère. Paul s'énerve beaucoup en présence de pareilles méchancetés si efficaces à desservir quelqu'un (par exemple *Gal.* 4 : 13, ou *Col.* 1 : 24 : là, certains ont vu dans son emprisonnement une preuve de la désapprobation divine envers lui).

> « *C'est pour que je ne sois pas enflé d'orgueil à cause de l'excellence de ces révélations qu'il m'a été mis une écharde dans la chair... Je me glorifierai donc bien plus de mes faiblesses...* » (2 *Cor.* 12 : 7-10.)

9. *Quel tribunal?* Voilà donc où l'on en est arrivé ! Et il faudrait que Paul donne des preuves que Dieu est avec lui ? Que Christ parle en lui (2 *Cor.* 13 : 3.) ? Qu'on croie surtout que s'il l'a fait, ce n'est pas pour qu'on pense qu'il a des comptes à rendre à quiconque (2 *Cor.* 12 : 19) et les Corinthiens feraient en l'occurrence de beaux juges, eux qui ne sont même pas capables de démêler leurs propres affaires (1 *Cor.* 5 : 2). Et puis d'ailleurs qu'ils se regardent un peu : ne seraient-ils pas réprouvés (2 *Cor.* 13 : 5) ? Qu'ils sachent, une fois pour toutes, que Paul tient son ministère non de quelque ancienneté, ni de préséance, ni de relations, ni de je ne sais quel privilège d'appartenir à je ne sais quelle coterie d'apôtres : un ministère se juge aux fruits. A lui, Paul, il a été donné un ministère pour construire, non pour détruire. (2 *Cor.* 13 : 10 voir 10 : 8.) Noble formule.

Après cette leçon d'indépendance, cette belle fierté,

toute cette fête des saintes colères, il ne reste qu'à ajouter les salutations (2 *Cor.* 13 : 11-13).

Pierre, lui, au moins, aura un jour l'élégance du geste : il capitulera, et aura pour Paul un mouvement d'amitié et d'admiration (2 *Pierre* 3 : 15-16). Brave homme quand même, qui a toujours été entraîné dans des rôles où il ne se voulait point [4].

C. Réflexions sur le ministère : 2 Cor. 1 à 9

Le ton de ces pages fait état d'une certaine sérénité, par rapport au ton de l'épître précédente. La contestation s'est semble-t-il éloignée, sans être tout à fait oubliée, et l'apôtre se contente vis-à-vis des Corinthiens de protester de sa sincérité et de la pureté de ses intentions (2 *Cor.* 1 : 12-15). Il n'est pas question (contrairement à l'épître précédente, texte de 2 *Cor.* 10 : 2) qu'il se rende prochainement à Corinthe : il souhaite seulement rester en contact par courrier. Pourrait-il en décider lui-même, « comme s'il y avait en lui le oui et le non » (2 *Cor.* 1 : 17) ?

Toutes les souffrances auxquelles il est exposé sont loin d'être vaines : elles apprennent à consoler ceux qui passent par la même affliction (2 *Cor.* 1 : 4). Lui veut rester disponible, au service de tous : il ne souhaite point agir d'autorité (2 *Cor.* 1 : 24), régimenter, mais aider les Corinthiens à rendre leur foi adulte : aussi fait-il appel souvent à leur conscience (2 *Cor.* 1 : 24 ; voir déjà 2 *Cor.* 1 : 12) et proteste-t-il de ses bonnes intentions en écrivant (2 *Cor.* 1 : 3-4). A titre d'exemple : la manière dont il convenait d'interpréter la sanction qu'il demandait pour un cas d'immoralité, que les Corinthiens, dans un excès de

---

4. Est-ce que c'est cela que le Christ aurait voulu dire (*Jean* 21 : 19) ?

zèle mal pensé, avaient dû rendre excessive (2 *Cor.* 2 : 4-11).

En 2 *Cor.* 1 : 12 commence un récit des voyages de Paul, qui va se trouver curieusement interrompu, entre 2 *Cor.* 2 : 13 et 7 : 5 (ces deux versets s'emboîtant d'ailleurs parfaitement), au point que certains commentateurs ont cru pouvoir parler encore là de l'insertion d'une nouvelle épître, qui irait donc de 2 *Cor.* 2 : 14 à 7 : 4. Pourtant cette hypothèse ne s'impose pas vraiment, car le récit des voyages peut très bien céder au désir que Paul a de s'épancher un peu...

Paul va donc parler de son ministère, en termes qui vont au cœur. On y sent à peine la polémique. Est-il besoin au ministre qu'est Paul d'avoir auprès des Corinthiens comme les prédicateurs de passage, de lettres de recommandation, quand on voit les bons fruits qui prouvent son authenticité ? « C'est vous qui êtes notre lettre » (2 *Cor.* 3 : 2-3) : n'est-il pas inhérent au ministère de l'Esprit d'être mal compris ? Ainsi celui de Moïse (2 *Cor.* 3 : 7-18). Application à la prédication chrétienne (2 *Cor.* 4 : 1-6) qui est décrite comme une nouvelle création, en termes de Genèse (v. 6). Mais le langage va bientôt changer : quittant les citations bibliques et s'adaptant au contexte culturel grec, Paul en vient à opposer le monde visible à l'invisible, en termes dignes de Platon ou de Philon. En fait, seul Paul était à même d'effectuer ce rapprochement entre les deux cultures, surtout dans le passage 2 *Cor.* 4 : 16 à 5 : 10. Dans les versets qui suivent (5 : 11-21) Paul évoque plutôt la façon dont il conçoit ses relations de ministre avec les membres d'église.

Le chapitre 6 pourrait donner raison à ceux qui veulent voir dans 2 *Cor.* 2 : 14 à 7 : 4 une épître à part : par toutes les recommandations qu'elles contiennent, ces exhortations spirituelles, ces appels, ces protestations d'affection, ces pages pourraient servir de conclusion.

En 2 *Cor.* 7 : 5 Paul reprend donc le récit du voyage en Macédoine, interrompu en 2 : 14. Tite lui a porté des nouvelles de Corinthe, qu'il commente en revenant à sa lettre précédente, et à l'excessive sévérité que les Corinthiens ont mis à appliquer ses recommandations. En fait, Paul n'est pas si malheureux de voir à quel point ses avis ont prévalu, et à noter les étroites relations qui demeurent entre lui et les Corinthiens. Il est heureux d'en prendre acte (« je me réjouis de pouvoir en toutes choses compter sur vous » (2 *Cor.* 7 : 16) quitte à nuancer sa sévérité en des termes qu'il avait déjà employés en 2 *Cor.* 2 : 5-13.

Les chapitres 8 et 9 reviendront sur des questions relatives à la collecte pour les saints de Jérusalem. Il donne des nouvelles sur les missions confiées à ses collaborateurs, notamment à Tite, qui prend beaucoup d'importance dans cette épître (2 *Cor.* 8 : 16-17) : mais aussi des frères, dont on comprend qu'ils sont recommandables, mais qui restent dans l'anonymat (8 : 18, 19, 22 et 9 : 3-5). L'enthousiasme que Paul met à ce projet de collecte, les encouragements qu'il donne, les motivations spirituelles (2 *Cor.* 9 : 6-11) prouvent assez que pour lui cette collecte sera le test de la spiritualité des Corinthiens : par la soumission qu'ils montrent à l'Evangile du Christ (2 *Cor.* 9 : 13) et par leur attachement aux églises de Jérusalem (v. 14-15).

Au verset 15, une brève doxologie qui confirme bien cette impression que la lettre est terminée.

DE NOUVEAU, LA GRÈCE

La Macédoine de l'Achaie

Paul reste constamment en contact avec les communautés de Grèce continentale, non seulement par ses épîtres, mais par ses visites pour lesquelles tous les prétextes sont bons. Ainsi dans le texte suivant, où l'on peut se faire une idée de l'étrange itinéraire :

> « *Après que ces choses se furent passées (à Ephèse), Paul forma le projet d'aller à Jérusalem, en traversant la Macédoine et l'Achaïe...* » *(Actes 19 : 21).*

Entendons qu'il va visiter à nouveau les communautés de Philippes, Thessalonique, Bérée, et Corinthe. Le récit de Luc devient trop laconique, et lacunaire, pour qu'on puisse situer ces passages dans la chronologie des Epîtres aux Corinthiens. Nous sommes probablement en 57.

On ne sait d'ailleurs point s'il réalisa ce projet, puisqu'à ce moment-là « il survint un grand trouble » à Ephèse (v. 23). En partie en tout cas : il envoya en Macédoine deux de ses aides, Timothée et Eraste (v. 22).

Après les événements d'Ephèse (Actes 19), il se rend cette fois vraiment en Macédoine :

> « *Lorsque le tumulte eut cessé, Paul réunit les disciples, et*

après les avoir exhortés, prit congé d'eux, et partit pour aller en Macédoine. Il parcourut cette contrée en adressant aux disciples de nombreuses exhortations. Puis il se rendit en Grèce, où il séjourna trois mois. » (Actes 20 : 1-3).

A Corinthe, au printemps 58, Paul forme donc le projet de refaire le voyage Cenchrées-Césarée pour gagner Jérusalem. C'est l'époque de la Pâque, et les bateaux en partance devaient être bondés de juifs. Or Paul est bien connu de certains d'entre eux, depuis les événements du tribunal de Gallion, où ils s'étaient sentis humiliés : nul doute que quelques-uns sont du voyage, et qu'ils peuvent profiter de la traversée pour se défaire de Paul. Paul déjoue leur complot (*Actes* 20 : 3-4) et préfère aller à nouveau par la Macédoine. On ne sait s'il s'arrêta à Thessalonique, en tout cas, il vient à Philippes, où il cherche Luc (comme le signale discrètement le passage du récit du « ils » au « nous » *Actes* 20 : 6). Il est accompagné de tout un groupe de frères, dont on donne le nom et l'origine : peut-être vont-ils porter un témoignage vivant à Jérusalem, devant les frères dirigeants, et aider Paul en charge des fonds de la collecte.

Vers Rhodes

De Troie-Troas, où aura lieu l'épisode de la réanimation d'Eutychus, Paul descend par la route le long de la côte ionienne, visitant et évangélisant les agglomérations, tandis que Luc et ses compagnons font le voyage par mer. Ils se rejoignent à Assos, où Paul monte à bord, et ils passent par Mytilène, Samos (*Actes* 20 : 14-15) et après une escale à Milet, où Paul fait un discours aux anciens des églises d'Ephèse, les voilà à Cos, Rhodes (*Actes* 21 : 1-2) avant de débarquer sur la côte asiatique à Patara.

A Lindos, dans l'île de Rhodes, on montre le petit port où le bateau de Paul aurait fait escale. Aura-t-il vu les restes du fameux colosse de Rhodes, une des Sept Merveilles du Monde, construit au cours des années 304-284 avant notre ère et détruit par un tremblement de terre en 225 ? Les jambes de la statue colossale étaient encore visibles à l'époque de Strabon, et elles furent vendues en 656 par un calife à un marchand juif, qui eut besoin de 900 chameaux pour emporter les morceaux de bronze.

Une tradition locale prétend que c'est à l'endroit de l'actuelle Porte Saint-Paul que se dressait le colosse. Le patron de l'île est précisément Silas, le compagnon fidèle.

La Crète

C'est au cours de son voyage vers Rome que Paul abordera la côte sud de la Crète. Paul est prisonnier, du fait qu'il en a appelé à César, mais un prisonnier privilégié : le capitaine le traite avec égard (*Actes* 27 : 3), on lui demande son avis sur les dangers de la mer (v. 9-11). En fait Paul exerce pleinement ses droits de citoyen romain : il en a appelé à César, ce qui rend les autorités romaines responsables de son transfert, et il le fait librement, au point que le roi Agrippa confie au procurateur Festus que l'on va obtempérer, puisqu'il insiste, mais qu'on aurait pu le relâcher (*Actes* 26 : 32). En fait cette comparution sert le projet de Paul : depuis longtemps il veut aller à Rome (*Actes* 19 : 21), probablement depuis sa première rencontre avec Aquilas à Corinthe, outre que c'est pour lui la meilleure façon d'échapper aux juifs de la Palestine, car si les Romains se dessaisissaient de son affaire, il retomberait sous la juridiction du Sanhédrin, ce à quoi il ne tient sans doute pas.

Il va donc faire le voyage à Rome, à bon compte et sous bonne escorte. Luc l'accompagne, comme l'indique le discret «nous» du récit. Lui aussi, on le rappelle est citoyen romain[1], ce qui explique cette facilité. C'est sous la sauvegarde de l'armée, qui doit le trouver fort encombrant, car selon la loi romaine, le capitaine qui l'accompagne est responsable de lui sur sa vie : et comme on sait depuis Césarée que des complots juifs se sont formés contre l'apôtre et qu'on cherche à le faire disparaître, il ne faut pas chercher plus loin l'explication de la hâte où se trouve le nommé Julius, «centenier de la cohorte Auguste» (*Actes* 27 : 1), qui presse le voyage, prend les pires risques contre le mauvais temps, et recourt aux réquisitions (v. 6).

Donc, malgré les vents contraires (v. 4 et 7), le navire s'évertue. C'est d'abord un petit navire côtier, qui les mène en cabotant jusqu'en Lycie, puis un long courrier, habitué à la mauvaise mer, qui faisait en toute saison le voyage entre Alexandrie et Rome, avec un ravitaillement de blé et des troupes.

> *« Pendant plusieurs jours nous navigâmes lentement, et ce ne fut pas sans difficulté que nous atteignîmes la hauteur de Cnide, où le vent ne nous permit pas d'aborder. Nous passâmes au-dessous de l'île de Crète, du côté de Salmone. Nous la cotoyâmes avec peine, et arrivâmes à un lieu nommé Kali Limenes, près duquel était la ville de Lasée. Un temps assez long s'était écoulé, et la navigation devenait dangereuse, car l'époque même du Yom Kippur était déjà passée. C'est pourquoi Paul avertit les autres, en disant : Messieurs, je vois que la navigation ne se fera pas sans péril ni sans grands dommages, non seulement pour la cargaison et pour le navire, mais aussi pour les personnes. Le centenier écouta le pilote et le patron du navire plutôt que les paroles de Paul. Et comme le*

---

1. Voir ci-dessus, p. 11.

DE NOUVEAU, LA GRÈCE

port n'était pas bon pour hiverner, la plupart furent d'avis de le quitter pour tâcher d'atteindre Phénix, port de Crète qui regarde le sud-ouest et le nord-ouest, afin d'y passer l'hiver.

« *Un léger vent du sud vint à souffler et se croyant maîtres de leur dessein, ils levèrent l'ancre et cotoyèrent de près l'île de Crète. Mais bientôt un vent impétueux qu'on appelle Euraquilon, se déchaîna sur l'île. Le navire fut entraîné sans pouvoir lutter contre le vent, et nous nous laissâmes aller à la dérive...* (*Actes* 27 : 7-15).

On sait la suite : la tempête les entraînera jusqu'aux approches de l'île de Malte, où ils s'échoueront.

« La baie de Paul à Kali Limenés, sur la côte sud de la Crète » (p. 227).
(Photographie Michel Grisier.)

On montre aujourd'hui la baie de Paul à Kali Limenès, sur la côte sud de la Crète. Une petite chapelle blanche commémore l'endroit : ou y voit surtout des entrepôts de pétrole. Des traditions locales parlent de grottes où Paul aurait prêché.

En fait, le texte dit bien, sans d'ailleurs préciser, « qu'ils restèrent là un assez long temps ». Mais aucune installation ne permettant de loger les voyageurs, ni de décharger les marchandises, qui se seraient avariées en cale tout l'hiver, on délibère (v. 12) ; l'époque est tardive et dangereuse, puisqu'on signale qu'on est après le Yom Kippur, donc fin octobre. Paul donne son avis, mais on ne l'écoute pas : il le rappellera plus tard (v. 21). On est pourtant d'accord pour hiverner en Crète, mais on va essayer de gagner Phénix (aujourd'hui Loutro) à l'ouest de l'île. On sait la suite.

Si les habitants de Phénix-Loutro montrent donc avec fierté les lieux où Paul a prêché et baptisé, ce n'est pas en relation avec ce voyage-là. Paul y est revenu plus tard après son premier procès de Rome. De fait l'Epître à Tite révèle que Paul connaît assez bien la Crète, encore que ce qu'il dit des Crétois s'appuie sur une citation d'Epiménide qu'on trouve dans les recueils d'école. *Tite* 1 : 5 signale que l'apôtre s'est bien rendu en Crète, qu'il y aurait prêché, formé problablement des communautés, puisque, selon sa manière habituelle en pareille circonstance, il laisse son collaborateur sur place pour organiser l'église. On doit admettre qu'il y avait peut-être des chrétiens avant Paul, le Livre des Actes signalant que des crétois, bien sûr d'origine juive, avaient assisté aux événements de la Pentecôte à Jérusalem (*Actes* 2 : 11).

Une tradition, d'ailleurs fort recevable, veut qu'il ait prêché à Gortyne, la capitale de la Crète à l'époque romaine, et que c'est là qu'il aurait établit Tite comme évêque : Tite devint à la Crète ce que Silas est à Rhodes, Luc à Philippes, Démétrios à Thessalonique, Barnarbé à Chypre, Denis à Athènes.

Mais à la fin du Livre des Actes, nous ne sommes seulement qu'en hiver 60-61, et le voyage mouvementée de Paul va le conduire jusqu'à Rome.

TABLE DES MATIÈRES

Avant-propos	IX
La formation de l'apôtre	1
Le projet européen	7
Les conditions du voyage	13
Nos sources	23

PREMIÈRE PARTIE : LA MACÉDOINE

Kavala	31
Philippes	37

Le site, p. 37. — Historique, p. 38. — Le récit de Luc, p. 41. — Un lieu de prières, p. 44. — Les événements, p. 48. — L'Epître aux Philippiens, p. 55.

Amphipolis	61
Appolonie	65
Thessalonique	67

Le récit, p. 67. — Le site, p. 68. — Historique, p. 68. — Le souvenir de Paul, p. 70. — Combien de temps Paul est-il resté à Thessalonique ? p. 79. — Le sujet de sa prédication, p. 82. — Les deux Epîtres aux Thessaloniciens, p. 84.

Bérée 91
Les événements, p. 91. — Les lieux, p. 92. — Une halte de paix et d'espérance, p. 94. — Sur trois marches de marbre blanc, p. 96. — Encore et toujours la fuite, p. 96.

DEUXIÈME PARTIE : L'ACHAIE

Le voyage vers Athènes 99

L'arrivée à Athènes 105
Tandis qu'il les attendait à Athènes, p. 112. — En parcourant votre ville, p. 114. — Un temple fait de mains d'hommes, p. 131. — Les Athéniens et le déclin d'Athènes, p. 133. — Le discours, p. 138. — L'échec d'Athènes, p. 149.

Corinthe 159
En chemin, p. 161. — La cité, p. 164. — Aquilas et Priscille, p. 179. — L'arrivée de Silas et Timothée, p. 186. — Gallion, p. 190. — J'ai un peuple nombreux dans cette ville, p. 195. — Les Epîtres aux Corinthiens, p. 204. — A. Première Epître aux Corinthiens, p. 205. — B. L'Epître de la colère, p. 213. — C. Réflexions sur le ministère, p. 218.

De nouveau, la Grèce 223
La Macédoine et l'Achaïe, p. 223. — Vers Rhodes, p. 224. — La Crète, p. 225.

Achevé d'imprimer en novembre 1982
sur les presses de l'imprimerie Laballery et Cie
58500 Clamecy
Dépôt légal : novembre 1982
Numéro d'imprimeur : 20733
Numéro d'éditeur : 2342

ACME
BOOKBINDING CO. INC.

SEP 7 1984

100 CAMBRIDGE STREET
CHARLESTOWN, MASS.